Racconti in Ceca

Racconti in Ceca per principianti e intermedi

Jan Svoboda

greenthumbpublishing@gmail.com

Contenuti

Introduzione

La lettura di una lingua straniera è uno dei modi più efficaci per migliorare le competenze linguistiche e ampliare il vocabolario. Tuttavia, a volte può essere difficile trovare materiali di lettura coinvolgenti e di livello adeguato, che diano una sensazione di realizzazione e di progresso. La maggior parte dei libri e degli articoli scritti per i madrelingua può essere troppo lunga e difficile da capire, oppure può avere un vocabolario di livello molto alto, per cui ci si sente sopraffatti e si rinuncia. Se questi problemi vi suonano familiari, allora questo libro fa per voi!

Racconti Brevi in Ceca è una raccolta di 25 racconti non convenzionali e divertenti pensati per aiutare gli studenti di livello da principiante a intermedio di Ceca a migliorare le loro competenze linguistiche.

Questi racconti creano un ambiente di lettura di supporto, includendo;

- Ricchi contenuti linguistici in diversi generi per intrattenere l'utente ed esporlo a una varietà di forme di parole.
- Storie brevi in capitoli per darvi la soddisfazione di finire le storie e progredire rapidamente.
- Testi scritti al vostro livello in modo da essere più facilmente comprensibili e non opprimenti.
- Traduzione italiana a pagine alterne per potervi fare riferimento direttamente riga per riga durante la lettura della storia Ceca.
- I vocaboli chiave sono stampati in grassetto lungo tutta la storia e la traduzione per aiutare a capire meglio le parole non familiari.

- Domande di comprensione per testare la comprensione degli eventi chiave e per incoraggiare la lettura più approfondita.

Se volete ampliare il vostro vocabolario, migliorare la vostra comprensione o semplicemente leggere per divertimento, questo libro è il più grande passo avanti che farete nei vostri studi quest'anno. I Racconti Brevi in Ceca vi daranno tutto il supporto di cui avete bisogno, quindi sedetevi, rilassatevi e lasciate correre la vostra immaginazione mentre venite trasportati in un magico mondo di avventura, mistero e intrighi - in Ceca!

Come utilizzare questo libro

La lettura è un talento difficile da padroneggiare. Nella nostra lingua madre usiamo una serie di micro-abilità per aiutarci a leggere. Ad esempio, possiamo sfogliare un brano per avere una comprensione approssimativa del contenuto. Oppure potremmo sfogliare numerose pagine di un orario ferroviario alla ricerca di un orario o di un luogo specifico. Mentre queste micro-abilità sono una seconda natura quando leggiamo nella nostra lingua madre, la ricerca rivela che spesso dimentichiamo la maggior parte di esse quando leggiamo in una lingua straniera. Quando si impara una lingua straniera, di solito si parte dall'inizio di un testo e lo si sfoglia, cercando di capire ogni singola parola. Inevitabilmente, ci imbattiamo in termini sconosciuti o complessi e ci infastidisce l'incapacità di comprenderli.

Uno dei maggiori vantaggi della lettura di una lingua straniera è quello di essere esposti a un gran numero di frasi ed espressioni che vengono utilizzate nelle situazioni quotidiane. La lettura intensiva è un termine usato per descrivere la lettura per piacere al fine di imparare una lingua. Non è come la lettura di un libro di testo, quando le conversazioni o i testi sono concepiti per essere letti lentamente e con attenzione con l'obiettivo di comprendere ogni parola. La "lettura intensiva" si riferisce alla lettura effettuata per raggiungere obiettivi di apprendimento specifici o per completare compiti. In altre parole, la lettura approfondita dei libri di testo di solito favorisce l'apprendimento di regole grammaticali e di un vocabolario particolare, mentre la lettura intensiva di storie favorisce l'apprendimento del linguaggio

naturale.

I Racconti Brevi in Ceca vi offriranno l'opportunità di conoscere meglio la lingua naturale Ceca in uso, anche se forse avete iniziato il vostro percorso di apprendimento delle lingue esclusivamente con i libri di testo. Ecco alcuni suggerimenti da tenere a mente mentre leggete le storie di questo libro per trarne il massimo beneficio: Quando si tratta di leggere, il divertimento e il senso di realizzazione sono fondamentali. Si continua a tornare perché ci si diverte a leggere. Leggere ogni storia dall'inizio alla fine è il metodo migliore per godersi le storie e sentirsi realizzati. Di conseguenza, la cosa più importante è arrivare alla fine di una storia. È più importante che conoscere ogni singola parola.

Più si legge, più si acquisisce conoscenza. Se si leggono libri più grandi per piacere, si acquisisce rapidamente una conoscenza di come funziona la Ceca. Tuttavia, tenete presente che per ottenere tutti i benefici della lettura estensiva, dovete prima leggere un volume sufficientemente consistente. Leggere qualche pagina qua e là può insegnare qualche parola nuova, ma non farà una differenza significativa nel livello generale di Ceca.

Accettate il fatto che non riuscirete a comprendere tutto ciò che leggete in un romanzo. Questo è, senza dubbio, il punto più cruciale! Ricordate sempre che non capire tutte le parole o le frasi è assolutamente accettabile. Non significa che le vostre competenze linguistiche siano inadeguate o che il vostro rendimento sia scarso. Indica che state partecipando attivamente al processo di apprendimento.

Guida alla lettura

Per trarre il massimo beneficio dalla lettura di Racconti Brevi in Ceca, è meglio seguire questo semplice processo di lettura in sei fasi per ogni capitolo dei racconti:

1. Leggete il titolo del capitolo. Pensate al tema della storia. Poi leggete la storia fino in fondo. Il vostro obiettivo è semplicemente quello di arrivare alla fine della storia. Pertanto, non fermatevi a cercare le parole e non preoccupatevi se ci sono cose che non capite. Cercate semplicemente di seguire la trama.

2. Quando arrivate alla fine della storia, scrutate la traduzione italiana per vedere se avete capito cosa è successo e per cogliere il contesto che vi è sfuggito.

3. Tornate indietro e rileggete la stessa storia. Se volete, potete concentrarvi di più sui dettagli della storia rispetto a prima, ma altrimenti leggete semplicemente un'altra volta.

4. Successivamente, leggete le domande di comprensione in Ceca per verificare la vostra comprensione degli eventi chiave della storia. Se non capite completamente le domande, non preoccupatevi. Utilizzate le vostre conoscenze per rispondere al meglio.

5. A questo punto dovreste aver compreso gli eventi principali del capitolo. In caso contrario, potreste rileggere il capitolo alcune volte utilizzando la traduzione per controllare le parole e le frasi sconosciute fino a quando non vi sentirete sicuri.

Una volta che siete pronti e sicuri di aver capito cosa è

successo - che sia dopo una o più letture della storia - passate alla storia successiva e continuate a godervi la storia al vostro ritmo, proprio come fareste con qualsiasi altro libro.

Solo una volta completata una storia nella sua interezza, si può pensare di tornare indietro e studiare il linguaggio della storia in modo più approfondito, se lo si desidera. Oppure, invece di preoccuparvi di capire tutto, prendetevi del tempo per concentrarvi su ciò che avete capito e congratularvi con voi stessi per quanto avete fatto.

Racconti in Ceca

Jan Svoboda

Pražský hrad

První, co mě na Pražském hradě zaujalo, byla jeho velikost. Tyčil se nad městem, mohutná **stavba z** kamene a malty. Když jsem procházel branou a vcházel na nádvoří, cítil jsem úctu. Hrad byl jako z pohádky, s věžičkami a věžičkami sahajícími až k **nebi**. Hodiny jsem se toulal po hradě a prozkoumával každé jeho zákoutí. Obdivovala jsem složité kamenické práce, krásné malby na stěnách a nádherný výhled na Prahu z vrcholků **věží**. Když se začalo stmívat, ocitl jsem se před posledními dveřmi vedoucími do něčeho, co vypadalo jako opuštěná část hradu. Zvědavost zvítězila a já prošel **dveřmi** a vstoupil do tmy za nimi.

Pocítil jsem náhlý chlad, jako bych vstoupil na **chladné**, temné místo. Jediné světlo vycházelo ze slabé záře vycházející odněkud z hloubi hradu. Začal jsem kráčet směrem ke světlu a mé kroky se odrážely v prázdnotě kolem mě. Když jsem se přiblížila, viděla jsem, že světlo vychází ze staromódní lampy zavěšené na zdi. Vedle ní byly mírně pootevřené dveře. **Škvírou** ve dveřích jsem viděla další místnost osvětlenou svíčkami. Odstrčil jsem dveře a opatrně vstoupil do místnosti. Vypadalo to na nějakou knihovnu nebo pracovnu, soudě podle všech **polic s knihami, které** lemovaly stěny pokryté prachovými deskami. Přede mnou stál

Castello di Praga

La prima cosa che mi ha colpito del Castello di Praga sono state le sue dimensioni. Si stagliava sulla città, un'imponente **struttura** di pietra e malta. Ho provato un senso di soggezione quando ho varcato i cancelli e sono entrata nel cortile. Il castello sembrava uscito da una fiaba, con le sue torrette e le sue guglie che si protendevano verso il **cielo**. Ho girovagato per ore, esplorando ogni angolo del castello. Ho ammirato gli intricati lavori in pietra, i bellissimi dipinti sulle pareti e la splendida vista di Praga dall'alto delle **torri**. Quando iniziò a calare la notte, mi trovai davanti a un'ultima porta che conduceva a quella che sembrava una parte abbandonata del castello. La curiosità ha avuto la meglio e ho attraversato la **porta** per entrare nell'oscurità.

Sentii un brivido improvviso, come se fossi entrato in un luogo **freddo** e buio. L'unica luce proveniva da un debole bagliore emanato da qualche parte nelle profondità del castello. Cominciai a camminare verso la luce, i miei passi risuonavano nel vuoto intorno a me. Avvicinandomi, vidi che la luce proveniva da una lampada antiquata appesa a una parete. Accanto ad essa, c'era una porta leggermente socchiusa. Attraverso la **fessura** della porta, potevo vedere

velký stůl zavalený papíry a za ním starobyle vypadající **kožené** křeslo. Najednou jsem zaslechl, jak v jednom rohu místnosti někdo prudce zakašlal. Poplašeně jsem se otočil směrem, odkud hluk vycházel, jen abych stanul tváří v tvář nejděsivějšímu **stvoření,** jaké si lze představit. Byla to kostra, ale jiná, než jakou jsem kdy viděl.

Měl na sobě potrhané šaty a dlouhý **černý** plášť. Oči mu ve tmě rudě zářily a ústa měl otevřená v tichém výkřiku. Stála jsem jako přimražená strachy, neschopná se pohnout, ba ani vykřiknout. Kostlivec se ke mně začal pomalu přibližovat a jeho **kostnaté** prsty se natahovaly po mém hrdle. Zavřel jsem oči a čekal na konec, ale ten nepřicházel. Když jsem se je odvážila znovu otevřít, kostlivec byl pryč a já se ocitla v místnosti opět sama. Otřesená jsem se vydala zpátky. Když jsem opouštěla **hrad,** nemohla jsem si pomoct, ale cítila jsem, že něco není v pořádku. Na tom místě bylo něco, co ve mně vyvolávalo nepříjemný pocit. Možná to bylo jen proto, že vypadal tak opuštěně a **strašidelně,** nebo se v jeho zdech opravdu skrývá něco zlověstného.

un'altra stanza illuminata da candele. Spinsi la porta ed entrai nella stanza con cautela. Sembrava una sorta di biblioteca o di studio, a giudicare da tutti gli **scaffali** che fiancheggiavano le pareti coperte da fogli di polvere. Davanti a me c'era una grande scrivania piena di carte e dietro una poltrona **di pelle** dall'aspetto antico. All'improvviso sentii qualcuno tossire violentemente in un angolo della stanza. Allarmato, mi voltai verso la direzione del rumore solo per trovarmi faccia a faccia con la **creatura** più terrificante che si possa immaginare. Era uno scheletro, ma non come quelli che avevo visto prima.

Indossava abiti a brandelli e un lungo mantello **nero**. I suoi occhi brillavano di rosso nell'oscurità e la sua bocca era aperta in un urlo silenzioso. Rimasi congelata dalla paura, incapace di muovermi o di urlare. Lo scheletro cominciò lentamente ad avvicinarsi a me, con le dita **ossute che miravano** alla mia gola. Chiusi gli occhi, aspettando la fine, ma non arrivò mai. Quando osai riaprirli, lo scheletro era sparito e mi ritrovai di nuovo sola nella stanza. Scosso, tornai indietro. Quando lasciai il **castello**, non potei fare a meno di sentire che c'era qualcosa che non andava. C'era qualcosa in quel luogo che mi dava una sensazione di disagio. Forse era solo perché aveva un aspetto così abbandonato e **inquietante**, o forse c'era davvero qualcosa di sinistro in agguato tra le sue mura.

Otázky s porozuměním

1. Co vypravěče na Pražském hradě zaujalo jako první?

2. Jak se vypravěč cítil, když procházeli branou na nádvoří hradu?

3. Jak vypadá hrad?

4. Co dělá vypravěč uvnitř hradu?

5. Co vypravěč vidí, když vstoupí do knihovny/ studovny?

6. Popište bytost, kterou vypravěč vidí v knihovně/ studovně.

7. Co se stane s tvorem, když vypravěč zavře oči?

8. Jak se vypravěč cítí, když opouštějí hrad?

9. Proč vypravěč říká, že se na Pražský hrad už nikdy nevrátí?

10. Myslíte si, že si vypravěč bytost, kterou viděl v knihovně/studovně, vymyslel, nebo byla skutečná?

Domande di comprensione

1. Qual è la prima cosa che colpisce il narratore del Castello di Praga?

2. Come si è sentito il narratore quando ha varcato i cancelli per entrare nel cortile del castello?

3. Che aspetto ha il castello?

4. Cosa fa il narratore all'interno del castello?

5. Cosa vede il narratore quando entra nella biblioteca/studio?

6. Descrivete la creatura che il narratore vede nella biblioteca/studio.

7. Cosa succede alla creatura quando il narratore chiude gli occhi?

8. Come si sente il narratore quando lascia il castello?

9. Perché il narratore dice che non torneranno mai più al Castello di Praga?

10. Pensi che il narratore abbia immaginato la creatura che ha visto nella biblioteca/studio o pensi che fosse reale?

Guláš

Byl chladný zimní večer a Guláš pociťoval mimořádný hlad. Celý den byl na lovu, ale podařilo se mu chytit jen pár **zajíců**. Když se blížil ke svému domu, viděl okny teplou záři ohně a cítil vůni výborného guláše, který vařila jeho žena. Když vstoupil do domu, zakručelo mu v břiše. “Á, tady jsi,” řekla jeho žena, “zrovna jsem se chystala na talíř.” Guláš se posadil ke stolu a s chutí se pustil do **večeře**. Guláš chutnal ještě lépe, než voněl, a brzy uklidil **talíř**. Spokojeně se opřel a spokojeně si odfrkl. “To byl dobrý guláš, drahá,” řekl. “Nevím, co bych si bez tebe počal.”

Jeho žena se usmála a začala uklízet talíře. Guláš si přitom koutkem oka všiml pohybu. Otočil se a spatřil velkou krysu, jak se plazí po podlaze směrem ke zbytkům jídla na talíři. Bez přemýšlení natáhl ruku a chytil **krysu** za ocas. Vyděšeně zakvičela, když s ní zatočil a pak ji vyhodil z otevřených dveří do chladného nočního vzduchu. “Gulá!” vykřikla jeho žena v šoku. “Co to proboha děláš?” Guláš ovčácky pokrčil rameny. “Nevím,” odpověděl, “jen mi to v tu chvíli přišlo jako dobrý nápad.” Druhý den se Guláš opět vydal na **lov.** Tentokrát byl odhodlaný ulovit jelena. Sledoval jednoho z nich celé hodiny po lese, ale vždy se mu podařilo zůstat těsně mimo dosah. Když se začalo stmívat,

Guláš

Era una fredda sera d'inverno e Guláš si sentiva particolarmente affamato. Era stato a caccia tutto il giorno, ma era riuscito a catturare solo qualche **coniglio**. Quando si avvicinò a casa sua, poté vedere il caldo bagliore del fuoco attraverso le finestre e sentire il profumo del delizioso gulasch che sua moglie stava cucinando. Il suo stomaco brontolò quando entrò in casa. "Ah, eccoti qui", disse la moglie, "stavo giusto per preparare i piatti". Guláš si sedette a tavola e mangiò avidamente la sua **cena**. Il gulasch aveva un sapore ancora più buono di quanto non ne avesse il profumo e ben presto riuscì a sparecchiare il **piatto**. Si appoggiò allo schienale soddisfatto ed emise un rutto di soddisfazione. "Era un ottimo gulasch, mia cara", disse. "Non so cosa farei senza di te".

La moglie sorrise e iniziò a sparecchiare. Mentre lo faceva, Guláš notò un movimento con la coda dell'occhio. Si voltò e vide un grosso ratto che si dirigeva sul pavimento verso il cibo avanzato nel suo piatto. Senza pensarci, allungò la mano e afferrò il **ratto** per la coda. Il ratto strillava terrorizzato mentre lui lo faceva girare e rigirare prima di scaraventarlo fuori dalla porta aperta nell'aria fredda della notte. "Gulà!", gridò la moglie sconvolta. "Che diavolo stai facendo?".

konečně jelena zahnal do kouta na mýtině. Stál tam roztřesený, oči vytřeštěné **strachem**. Guláš na okamžik pocítil soucit se zvířetem, ale pak mu zakručelo v žaludku a on věděl, co musí udělat. Zamířil a vystřelil šíp, ale v poslední vteřině jelen uskočil na stranu a šíp ho jen škrábl do **boku**. Jelen se rozběhl do lesa a Guláš ho horlivě pronásledoval.

Najednou se pod ním propadla zem a on se ocitl ve skryté **rokli**. Když se Guláš probral, ležel na zádech na dně rokle a zíral na hvězdy nad hlavou. Bolela ho hlava, a když se pokusil pohnout, bolest mu projela tělem jako **blesk**. Při tom pádu si musel něco zlomit, pomyslel si chmurně. Nebylo možné, aby se sám vyšplhal zpátky nahoru. Právě když se Guláš začínal smiřovat se svým osudem, uslyšel shora hlasy a uviděl paprsky baterek odrážející se od stěn rokle. Zaplavila ho úleva, když slabě zvedl baterku do vzduchu, aby dal znamení o pomoc. Záchrannému týmu se podařilo

Guláš scrollò le spalle in modo peccaminoso. “Non lo so”, rispose, “mi è sembrata una buona idea in quel momento”. Il giorno dopo, Guláš uscì di nuovo **a caccia**. Questa volta era determinato a catturare un cervo. Ne seguì uno per ore attraverso la foresta, ma riuscì sempre a rimanere fuori dalla sua portata. Quando iniziò a calare la notte, finalmente mise il cervo all’angolo in una radura. Rimase lì tremante, con gli occhi spalancati dalla **paura**. Guláš provò un attimo di compassione per la creatura, ma poi il suo stomaco brontolò e capì cosa doveva fare. Prese la mira e scoccò la freccia, ma all’ultimo secondo il cervo balzò di lato e la freccia lo sfiorò soltanto **sul fianco**. Il cervo si lanciò nel bosco, con Guláš al suo inseguimento.

All’improvviso, il terreno cedette sotto di lui e si ritrovò a precipitare in un **burrone** nascosto. Quando Guláš si riprese, era sdraiato sulla schiena in fondo al burrone e guardava le stelle in alto. Gli faceva male la testa e quando cercava di muoversi, il dolore gli attraversava il corpo come un **fulmine**. Doveva essersi rotto qualcosa nella caduta, pensò cupo. Non era possibile che riuscisse a risalire da solo. Proprio quando Guláš stava iniziando ad accettare il suo destino, sentì delle voci provenire dall’alto e vide i raggi delle torce rimbalzare sulle pareti del burrone. Il sollievo lo colse mentre sollevava debolmente la torcia in aria per chiedere aiuto. La squadra di soccorso riuscì a tirar fuori

Otázky s porozuměním

1. Co chce hlavní hrdina udělat?

2. Proč to hlavní hrdina cítí?

3. Jak se hlavní hrdina cítí po svém rozhodnutí?

4. Co udělá hlavní hrdina dál?

5. Jaký je cíl hlavního hrdiny?

6. Jak chce hlavní hrdina tohoto cíle dosáhnout?

7. Jaké překážky stojí hlavnímu hrdinovi v cestě?

8. Jak hlavní hrdina překonává tyto překážky?

9. Jaké je vyvrcholení příběhu?

10. Jaké je rozuzlení příběhu?

Domande di comprensione

1. Cosa vuole fare il protagonista?

2. Perché il protagonista si sente così?

3. Come si sente il protagonista rispetto alla sua decisione?

4. Cosa fa il protagonista dopo?

5. Qual è l'obiettivo del protagonista?

6. Come pensa il protagonista di raggiungere questo obiettivo?

7. Quali sono gli ostacoli che si frappongono al protagonista?

8. Come fa il protagonista a superare questi ostacoli?

9. Qual è il punto culminante della storia?

10. Qual è la risoluzione della storia?

Katedrála svatého Víta

Katedrála svatého Víta se tyčila nad městem jako temný **monolit**. Říkalo se, že katedrála byla postavena na prokleté půdě, a zdálo se, že vyzařuje auru předtuchy. Nikdo přesně nevěděl, co se v jejích zdech děje, ale kolovaly o ní zvěsti... strašlivé zvěsti. Někteří říkali, že kněží obětovali děti Satanovi, jiní tvrdili, že prováděli nevýslovné rituály zahrnující **krev** a smrt. Po setmění se do katedrály nikdo neodvážil vstoupit, protože se bál, co by v jejích stinných prostorách mohl najít. Jednoho večera se mladá žena jménem Sarah rozhodla odvážně vstoupit do temnoty katedrály svatého Víta. Vždy ji fascinovaly příběhy, které o ní slyšela, a chtěla se přesvědčit, zda je na nich něco **pravdy.**

Když se blížila k impozantní stavbě, cítila, jak jí srdce buší v hrudi. Ruka se jí třásla, když sahala po klice, ale ovládla se a otevřela těžké dveře. Sarah se ocitla ve **velké** lodi lemované řadami lavic, které vedly k oltáři, u něhož stála socha samotného Satana obklopená svícemi hořícími černými plameny. Zaplavil ji pocit strachu, když si uvědomila, že možná udělala chybu, když sem přišla sama. Náhle uslyšela **kroky, které** se

Cattedrale di San Vito

La Cattedrale di San Vito incombeva sulla città come un **monolite** scuro. Si diceva che la cattedrale fosse stata costruita su un terreno maledetto e sembrava emanare un'aura di presagio. Nessuno sapeva esattamente cosa accadesse tra le sue mura, ma c'erano voci... terribili. Alcuni dicevano che i sacerdoti sacrificavano bambini a Satana, mentre altri sostenevano che eseguivano rituali indicibili che coinvolgevano **sangue** e morte. Nessuno osava entrare nella cattedrale dopo il tramonto, per paura di ciò che avrebbe potuto trovare all'interno dei suoi oscuri confini. Una sera, una giovane donna di nome Sarah decise di sfidare l'oscurità della Cattedrale di San Vito. Era sempre stata affascinata dalle storie che aveva sentito su di essa e voleva vedere se c'era qualcosa di **vero** in esse.

Quando si avvicinò all'imponente struttura, sentì il cuore accelerare nel petto. La mano le tremava mentre cercava la maniglia della porta, ma si fece forza e spinse la pesante porta. Sarah si trovò in un'**ampia** navata fiancheggiata da file di banchi che conducevano a un altare sul quale si trovava la statua di Satana in persona, circondata da candele che bruciavano con

ozývaly prázdným kostelem, a někdo ji zezadu popadl! Sarah se snažila vyprostit ze sevření útočníka, ale nebylo to nic platné. Ten, kdo ji popadl, byl příliš silný. Pokusila se křičet o pomoc, ale **ruka** jí sevřela ústa a ztlumila její výkřik. Byla vlečena k oltáři, kde se tyčila velká a hrozivá socha Satana. Její únosce ji přinutil pokleknout před sochou a pak jí **provazem** svázal ruce za zády. Sára cítila, jak jí v žilách koluje hrůza, když si uvědomila, že bude obětována.

Osoba, která ji chytila, začala zpívat v podivném jazyce a Sára cítila, že ze sochy vyzařuje zlá přítomnost. Náhle se kolem oltáře objevila černá **mlha a** Sarah cítila, jak je do ní vtahována! Sára se ocitla na temném místě, osvětleném pouze blikajícími svíčkami. Chvíli jí trvalo, než si oči zvykly, ale když se jí to podařilo, uviděla, že je obklopena postavami v kápích, které měly na sobě roucha zdobená symboly satanismu. Jedna z nich přistoupila blíž, sundala si **kápi** a odhalila, že je to jeden z kněží z katedrály! Krutě se na Sáru usmál a řekl: “Vítej, mé dítě... byla jsi vybrána, aby ses zúčastnila našeho nejposvátnějšího rituálu.” Sára se usmála.

fiamme nere. Un senso di terrore la pervase quando si rese conto che forse aveva commesso un errore a venire qui da sola. All'improvviso, sentì dei **passi** che riecheggiavano nella chiesa vuota e qualcuno la afferrò da dietro! Sarah lottò per liberarsi dalla presa del suo aggressore, ma fu inutile. Chiunque l'avesse afferrata era troppo forte. Cercò di gridare aiuto, ma una **mano** le tappò la bocca, soffocando le sue grida. Fu trascinata verso l'altare, dove la statua di Satana incombeva grande e minacciosa. Il suo rapitore la costrinse a inginocchiarsi davanti alla statua e poi le legò le mani dietro la schiena con una **corda**. Sarah sentiva il terrore scorrerle nelle vene quando capì che stava per essere sacrificata.

La persona che l'aveva afferrata iniziò a cantare in una strana lingua e Sarah sentì una presenza maligna emanare dalla statua. All'improvviso, attorno all'altare apparve una **nebbia** nera e Sarah si sentì trascinare al suo interno! Sarah si trovò in un luogo buio, illuminato solo da candele tremolanti. Ci volle un attimo perché i suoi occhi si adattassero, ma quando lo fecero, vide che era circondata da figure incappucciate che indossavano vesti adornate con simboli del satanismo. Uno di loro si fece avanti e si tolse il **cappuccio**, rivelando di essere uno dei sacerdoti della cattedrale! Sorrise crudelmente a Sarah e disse: "Benvenuta, figlia mia... sei stata scelta per partecipare al nostro rituale più sacro".

Otázky s porozuměním

1. Co katedrála představuje?

2. Co představuje černá mlha?

3. Jaký význam mají svíčky?

4. Kdo je Sára?

5. Jaký význam má socha?

6. Jaký význam mají kněží?

7. Jaký je význam rituálu?

8. Jaký je význam oběti?

9. Jaký je výsledek příběhu?

10. Jaké je ponaučení z příběhu?

Domande di comprensione

1. Cosa rappresenta la cattedrale?

2. Cosa rappresenta la nebbia nera?

3. Qual è il significato delle candele?

4. Chi è Sarah?

5. Qual è il significato della statua?

6. Qual è il significato dei sacerdoti?

7. Qual è il significato del rituale?

8. Qual è il significato del sacrificio?

9. Qual è l'esito della storia?

10. Qual è la morale della storia?

Lov hub

Když jsem vstoupil do lesa, bylo v něm strašidelné ticho. Jediným zvukem bylo křupání **listí** pod mýma nohama. Na houby jsem chodil už dřív, ale nikdy ne sám. Srdce se mi rozbušilo o něco rychleji, když jsem zkoumala půdu a hledala stopy po **houbách**. Najednou jsem zahlédl, jak zpod kmene něco vyčuhuje. Byl to malý bílý hřib s červenými skvrnami! Opatrně jsem ho zvedl a vložil do košíku. Jak jsem pokračoval v chůzi, nacházel jsem další a další houby. Brzy jsem měl plný košík! Vrátil jsem se k autu, abych kamarádům ukázal, co jsem našel. Když jsem se vrátil k autu, kamarádi už **nebyli k** nalezení. Volal jsem na ně jménem, ale nikdo se neozýval. Kam mohli jít? Rozhodl jsem se na ně počkat v **autě**.

Po několika minutách se mi začalo chtít spát. Zanedlouho jsem usnul hlubokým spánkem. Probudil mě hlasitý zvuk. Znělo to, jako by někdo **křičel**! Pomalu jsem otevřel oči a uviděl, že dveře auta jsou vytržené z pantů! Venku stálo velké stvoření a dívalo se na mě svýma **jasně** červenýma očima. Než se natáhlo dovnitř a vytáhlo mě z auta, vydalo další uši rvoucí výkřik! Vzápětí jsem si uvědomil, že ležím na zemi přímo před tím tvorem. Jeho obličej byl jen pár centimetrů od mého, jak na mě upřeně zíral svýma rudýma očima.

Caccia ai funghi

Il bosco era stranamente silenzioso quando vi entrai. L'unico suono era lo scricchiolio delle **foglie** sotto i miei piedi. Ero già stata a caccia di funghi, ma mai da sola. Il mio cuore batteva un po' più forte mentre scrutavo il terreno alla ricerca di eventuali segni di **funghi**. All'improvviso, vidi qualcosa che spuntava da sotto un tronco. Era un piccolo fungo bianco con macchie rosse! Con attenzione, lo raccolsi e lo misi nel mio cestino. Continuando a camminare, ho trovato sempre più funghi. Ben presto il mio cestino fu pieno! Tornai alla macchina per mostrare ai miei amici quello che avevo trovato. Quando tornai alla macchina, i miei amici **non si trovavano da nessuna parte**. Ho chiamato i loro nomi, ma non hanno risposto. Dove potevano essere andati? Decisi di aspettarli in **macchina**.

Dopo qualche minuto iniziai a sentirmi assonnato. In breve tempo mi addormentai in un sonno profondo. Fui svegliato da un forte rumore. Sembrava che qualcuno stesse **urlando**! Aprii lentamente gli occhi e vidi che la portiera dell'auto era stata strappata dai cardini! Fuori c'era una grande creatura che mi guardava con i **suoi** occhi rossi. Emise un altro urlo acuto prima di raggiungere l'interno e tirarmi fuori dall'auto! Subito dopo mi ritrovai a terra di fronte alla creatura. Il suo

Pak se pomalu natáhlo dopředu a popadlo jednu z hub z mého košíku... a snědlo ji! Sledoval jsem, jak zhltlo **několik** dalších hub, než se otočilo a zmizelo v lese, zanechávajíc mě samotného a vyděšeného.

Trvalo několik hodin, než jsem konečně sebral odvahu a pohnul se. Celé tělo se mi třáslo, když jsem se pomalu postavila na nohy. Auto bylo **zničené a** po mých přátelích nebylo nikde ani stopy. Co se stalo? Bylo to stvoření opravdu skutečné, nebo se mi to jen zdálo? Existoval jen jeden způsob, jak to zjistit. Nejistě jsem se vydal zpátky do lesa. Nevím, co mě vedlo k tomu, abych se vrátil, ale vrátil jsem se. A jsem ráda, že jsem to udělala, protože tam jsem našla své **přátele**! I je napadla ta příšera a byli stejně vyděšení jako já. Společně jsme se dostali z **lesa a** slíbili si, že už nikdy nepůjdeme na houby!

volto era a pochi centimetri dal mio mentre mi fissava intensamente con i suoi occhi rossi. Poi si allungò lentamente in avanti e afferrò uno dei funghi dal mio cestino... e lo mangiò! Lo guardai mentre trangugiava altri funghi prima di voltarsi e sparire nel bosco, lasciandomi sola e terrorizzata.

Passarono ore prima che finalmente trovassi il coraggio di muovermi. Tutto il mio corpo tremava mentre mi alzavo lentamente in piedi. L'auto era **distrutta** e non c'era traccia dei miei amici da nessuna parte. Che cosa era successo? Quella creatura era davvero reale o l'avevo solo immaginata? C'era solo un modo per scoprirlo. Tentativamente, iniziai a camminare nel bosco. Non so cosa mi abbia spinto a tornare indietro, ma lo feci. E sono felice di averlo fatto, perché è lì che ho trovato i miei **amici**! Anche loro erano stati attaccati dalla creatura ed erano spaventati quanto me. Insieme siamo usciti dal **bosco** e abbiamo giurato di non andare mai più a caccia di funghi!

Otázky s porozuměním

1. Co najde hlavní hrdina v lese?

2. Jak se hlavní hrdina cítí, když loví houby sám?

3. Co udělá hlavní hrdina, když zjistí, že se jeho přátelé ztratili?

4. Proč si hlavní hrdina nedělá starosti, když usne v autě?

5. Co se stane, když se hlavní hrdina probudí?

6. Jak tvor reaguje na houby?

7. Kde se nacházejí přátelé hlavního hrdiny?

8. Proč si přátelé slíbí, že už nikdy nepůjdou na houby?

9. Co myslíte, že vedlo hlavního hrdinu k tomu, aby se vrátil do lesa?

10. Myslíte si, že to stvoření bylo skutečné, nebo vymyšlené?

Domande di comprensione

1. Cosa trova il protagonista nel bosco?

2. Come si sente il protagonista quando va a caccia di funghi da solo?

3. Cosa fa il protagonista quando scopre che i suoi amici sono scomparsi?

4. Perché il protagonista non si preoccupa quando si addormenta in macchina?

5. Cosa succede quando il protagonista si sveglia?

6. Come reagisce la creatura ai funghi?

7. Dove si trovano gli amici del protagonista?

8. Perché gli amici giurano di non andare mai più a caccia di funghi?

9. Secondo te, cosa ha spinto il protagonista a tornare nel bosco?

10. Pensate che la creatura fosse reale o immaginaria?

Klementinum

Klementinum je krásná stará knihovna v centru Prahy. Byla založena v 16. století a od té doby je centrem vzdělanosti. Dnes se v ní nachází více než 20 000 knih a je jedním z nejoblíbenějších **turistických** cílů ve městě. Jednoho letního dne přišla Klementinum navštívit mladá žena jménem Eva. Vždycky milovala knihy a byla nadšená, že si může prohlédnout takové historické místo. Když procházela **chodbami,** nemohla si nevšimnout všech lidí, kteří si v klidu četli nebo pracovali u stolů. Bylo zřejmé, že jde o místo, kde se **znalosti** vysoce cení. Nakonec se Eva dostala do hlavní čítárny, kde spatřila něco neuvěřitelného: celou stěnu zaplněnou regály a **policemi** knih!

Stěží ovládala své **vzrušení,** když začala procházet tituly. Po chvíli ji jedna konkrétní kniha vtáhla do úplně jiného světa. Kniha se jmenovala Letopisy Narnie: Lev, čarodějnice a skříň". Eva ji nikdy předtím nečetla, ale příběh ji rychle **pohltil.** Četla o čtyřech dětech, které se skrze skříň dostanou do kouzelného světa a zažívají nejrůznější dobrodružství. Když otáčela každou stránku, měla pocit, že je tam s nimi a všechno prožívá na vlastní kůži. Nakonec Eva došla na konec knihy a neochotně ji zavřela. Ještě chvíli seděla a nechala svou **mysl**, aby se vrátila ke všemu, co právě přečetla. Byl

Il Clementino

Il Clementinum è una bellissima biblioteca antica nel cuore di Praga. Fu fondata nel XVI secolo e da allora è stata un centro di apprendimento. Oggi ospita oltre 20.000 libri ed è una delle destinazioni **turistiche** più popolari della città. Un giorno d'estate, una giovane donna di nome Eva venne a visitare il Clementinum. Aveva sempre amato i libri ed era entusiasta di vedere un luogo così storico. Mentre camminava per i **corridoi**, non poté fare a meno di notare tutte le persone che leggevano tranquillamente o lavoravano alle scrivanie. Era chiaro che si trattava di un luogo in cui la **conoscenza** era molto apprezzata. Alla fine Eva arrivò alla sala di lettura principale, dove vide qualcosa di incredibile: un'intera parete piena di scaffali e **scaffali** di libri!

Riusciva a malapena a contenere l'**eccitazione** mentre iniziava a sfogliare i titoli. Dopo un po', si ritrovò trascinata in un altro mondo da un libro in particolare. Il libro si chiamava "Le cronache di Narnia: Il leone, la strega e l'armadio". Eva non l'aveva mai letto prima, ma si è subito **appassionata** alla storia. Leggeva di quattro bambini che entravano in un mondo magico attraverso un armadio e vivevano ogni sorta di avventura. Girando ogni pagina, le sembrava di essere lì con loro, di vivere

to úžasný zážitek, na který nikdy nezapomene. Když Eva opouštěla Klementinum, měla pocit, že se její mysl **rozšířila**.

Nyní má ještě větší zájem o **čtení** a učení než dříve. Knihovna rozhodně dostála své pověsti a ona věděla, že se sem brzy vrátí. Když Eva přišla do Klementina příště, přinesla si s sebou knihu, kterou chtěla vrátit. Byla ráda, že může přispět na tak **úžasné** místo, a těšila se, že najde další knihy, ve kterých se bude moci ztratit. Klementinum je součástí Evina života již mnoho let. Je to její **šťastné** místo, kam může utéct před každodenním shonem. Stále ráda nachází nové knihy ke čtení a vždy se těší na další návštěvu.

tutto in prima persona. Alla fine Eva arrivò alla fine del libro e lo chiuse con riluttanza. Rimase seduta ancora per un po', lasciando che la sua **mente** vagasse su tutto ciò che aveva appena letto. Era stata un'esperienza straordinaria, che non avrebbe mai dimenticato. Quando Eva lasciò il Clementinum, si sentì come se la sua mente si fosse **ampliata**.

Ora è ancora più interessata alla **lettura** e all'apprendimento di prima. La biblioteca era sicuramente all'altezza della sua reputazione e sapeva che sarebbe tornata presto. La volta successiva che Eva è venuta al Clementinum, ha portato con sé un libro da restituire. Era felice di poter contribuire a un luogo così **meraviglioso** e non vedeva l'ora di trovare altri libri in cui perdersi. Il Clementinum fa parte della vita di Eva da molti anni ormai. È il suo luogo **felice**, dove può andare per sfuggire alla frenesia della vita quotidiana. Le piace ancora trovare nuovi libri da leggere e attende sempre con ansia la prossima visita.

Otázky s porozuměním

1. Co je Klementinum?

2. Jak dlouho je Klementinum na světě?

3. Co všechno můžete v Klementinu dělat?

4. Jak vypadá hlavní čítárna?

5. Jakou knihu Eva četla?

6. Jaký byl Evin zážitek po přečtení knihy?

7. Jak často chodí Eva do Klementina?

8. Co Eva ráda dělá v Klementinu?

9. Co pro Evu znamená Klementinum?

10. Co má Eva v Klementinu nejraději?

Domande di comprensione

1. Che cos'è il Clementinum?

2. Da quanto tempo esiste il Clementinum?

3. Che tipo di cose si possono fare al Clementinum?

4. Com'è la sala di lettura principale?

5. Quale libro ha letto Eva?

6. Qual è stata l'esperienza di Eva dopo la lettura del libro?

7. Quanto spesso Eva va al Clementinum?

8. Cosa piace fare a Eva al Clementinum?

9. Che cosa significa per Eva il Clementinum?

10. Qual è la cosa che Eva preferisce del Clementinum?

Sametová revoluce

Byl chladný zimní den v Praze, když začala sametová revoluce. Skupina **studentů** se sešla, aby protestovala proti komunistické vládě a požadovala reformy. Přidali se k nim dělníci a další občané, kteří měli represivního režimu plné zuby. **Policie** se snažila demonstraci rozehnat, ale byla v přesile. Lidé pokračovali v pochodu ulicemi a skandovali, že chtějí změnu. Druhý den se k **protestům** připojili další lidé. Hnutí nabíralo na **síle, protože se do něj** zapojovalo stále více lidí.

Úřady reagovaly vysláním tanků a vojáků, ale setkaly se s odporem protestujících. Lidé si pevně stáli za svými požadavky na demokracii a svobodu a nakonec zvítězili. Po týdnech pokojných demonstrací se Československo opět stalo svobodnou **zemí.** Byla to dlouhá a obtížná cesta, ale nakonec byli svobodní. Lidé v Československu svrhli komunistickou vládu a znovu získali demokracii. Byl to **významný** úspěch, který by nebyl možný bez odvahy a odhodlání protestujících. Nyní mohli konečně začít obnovovat svou zemi a vytvářet lepší budoucnost pro všechny. Sametová revoluce byla zlomovým bodem v českých **dějinách**. Ukázala, že lidé již nebudou tolerovat utlačovatelský režim, a vydláždila cestu k demokracii a **svobodě**.

La rivoluzione di velluto

Era una fredda giornata invernale a Praga quando iniziò la Rivoluzione di Velluto. Un gruppo di **studenti** si era riunito per protestare contro il governo comunista e chiedere riforme. A loro si unirono operai e altri cittadini stufi del regime repressivo. La **polizia** cercò di interrompere la manifestazione, ma era in minoranza e in inferiorità numerica. La gente ha continuato a marciare per le strade, chiedendo a gran voce un cambiamento. Il giorno successivo, altre persone si unirono alle **proteste**. Il movimento stava guadagnando **slancio** grazie al coinvolgimento di un numero sempre maggiore di persone.

Le autorità hanno risposto inviando carri armati e truppe, ma hanno incontrato la resistenza dei manifestanti. Il popolo rimase fermo nelle sue richieste di democrazia e libertà e alla fine prevalse. Dopo settimane di manifestazioni pacifiche, la Cecoslovacchia tornò a essere un **Paese** libero. Era stato un viaggio lungo e difficile, ma finalmente erano liberi. Il popolo cecoslovacco aveva rovesciato il governo comunista e riconquistato la democrazia. È stato un risultato **epocale, che** non sarebbe stato possibile senza il coraggio e la determinazione dei manifestanti. Ora si

Země nyní vzkvétá a její občané **se těší** lepší kvalitě života. Díky statečným protestujícím, kteří se postavili za svá práva, je nyní Československo svobodným a prosperujícím státem. Sametová revoluce byla klíčovým **okamžikem v** dějinách Československa. Přinesla významné změny, které měly pozitivní dopad na zemi a její obyvatele. Protestující projevili velkou **odvahu postavit se** komunistické vládě a jejich úsilí se vyplatilo. Dnes je Československo svobodnou a demokratickou zemí a jeho občané se těší lepší kvalitě **života**.

poteva finalmente iniziare a ricostruire il Paese e creare un futuro migliore per tutti. La Rivoluzione di velluto è stata un punto di svolta nella **storia** della Repubblica Ceca. Ha dimostrato che il popolo non avrebbe più tollerato un regime oppressivo e ha aperto la strada alla democrazia e alla **libertà**.

Il Paese è ora prospero e i suoi cittadini **godono di** una migliore qualità di vita. Grazie ai coraggiosi manifestanti che hanno difeso i loro diritti, la Cecoslovacchia è oggi una nazione libera e prospera. La Rivoluzione di velluto è stata un **momento** cruciale nella storia della Cecoslovacchia. Ha portato a cambiamenti significativi che hanno avuto un impatto positivo sul Paese e sulla sua popolazione. I manifestanti hanno dimostrato grande **coraggio** nell'opporsi al governo comunista e i loro sforzi sono stati ripagati. Oggi la Cecoslovacchia è un Paese libero e democratico e i suoi cittadini godono di una migliore qualità di **vita**.

Otázky s porozuměním

1. Co byla sametová revoluce?

2. Kdo byly hlavní skupiny zapojené do sametové revoluce?

3. Proč tam úřady poslaly tanky a vojáky?

4. Jak reagovali obyvatelé Československa na tanky a vojáky?

5. Jaký byl výsledek sametové revoluce?

6. Jak sametová revoluce ovlivnila Československo?

7. Jak by dnes vypadalo Československo, kdyby nedošlo k sametové revoluci?

8. Co bylo hlavním cílem protestujících?

9. Dosáhli protestující svého cíle?

10. Co bylo zlomovým bodem sametové revoluce?

Domande di comprensione

1. Che cos'è stata la Rivoluzione di velluto?

2. Chi erano i principali gruppi coinvolti nella Rivoluzione di velluto?

3. Perché le autorità hanno inviato carri armati e truppe?

4. Come reagì la popolazione cecoslovacca ai carri armati e alle truppe?

5. Qual è stato l'esito della Rivoluzione di velluto?

6. Come ha influito la Rivoluzione di velluto sulla Cecoslovacchia?

7. Come sarebbe oggi la Cecoslovacchia se non ci fosse stata la Rivoluzione di velluto?

8. Qual era l'obiettivo principale dei manifestanti?

9. I manifestanti hanno raggiunto il loro obiettivo?

10. Qual è stato il punto di svolta della Rivoluzione di velluto?

Český ráj

Poprvé jsem Český ráj viděl ve snu. Bylo to **nádherné** místo plné barev a života. Nebe bylo modré, slunce svítilo a květiny kvetly. Procházel jsem se ulicemi Českého ráje a obdivoval architekturu a lidi. Všichni vypadali tak šťastně a bezstarostně. Měla jsem pocit, že tam **patřím.** V Českém ráji jsem narazila na park a posadila se na lavičku, abych si odpočinula. Zavřela jsem oči a zhluboka se nadechla, cítila jsem, jak mě zaplavuje **klid tohoto** místa. Když jsem oči znovu otevřela, uviděla jsem na druhém konci lavičky sedět dívku. Měla tmavé vlasy a jasně modré oči a dívala se na mě s takovou intenzitou, až mi **srdce** poskočilo. Dívali jsme se na sebe snad celou věčnost, než konečně promluvila.

“Vítejte v Českém ráji,” řekla tiše. “Jsem ráda, že jsi tady.” Probudil jsem se ze **snu a** cítil se divně. Nemohla jsem se zbavit pocitu, že jsem tam už někdy byla, i když jsem věděla, že je to nemožné. To místo mi připadalo tak skutečné a dívčiny **oči se** mi vryly do paměti. Rozhodl jsem se, že se do Českého ráje vypravím, abych se přesvědčil, jestli opravdu existuje. Když jsem dorazil na místo, všechno vypadalo přesně jako v mém snu. Chodil jsem jako omámený a napůl jsem očekával, že se dívka znovu objeví. Ale neobjevila se a já se

Paradiso boemo

La prima volta che ho visto il Bohemian Paradise è stato in sogno. Era un posto **bellissimo**, pieno di colori e di vita. Il cielo era azzurro, il sole splendeva e i fiori sbocciavano. Camminavo per le strade del Paradiso boemo, ammirando l'architettura e le persone. Tutti sembravano così felici e spensierati. Sentivo di **appartenere a** quel luogo. Mi imbattei in un parco del Paradiso Boemo e mi sedetti su una panchina per riposare. Chiusi gli occhi e feci un respiro profondo, sentendo la **pace** del luogo che mi inondava. Quando riaprii gli occhi, vidi una ragazza seduta all'altro capo della panchina. Aveva i capelli scuri e gli occhi azzurri e mi guardava con un'intensità che mi fece battere **il cuore**. Ci guardammo per un'eternità prima che lei finalmente parlasse.

"Benvenuti nel paradiso boemo", disse dolcemente. "Sono felice che tu sia qui". Mi svegliai dal **sogno** con una strana sensazione. Non riuscivo a togliermi di dosso la sensazione di essere già stata lì, anche se sapevo che era impossibile. Il luogo sembrava così reale e gli **occhi della** ragazza erano impressi nella mia memoria. Decisi di fare un viaggio nel Paradiso Boemo, per vedere se esisteva davvero. Quando arrivai, tutto era esattamente come nel mio sogno. Camminai

nakonec vrátil domů. Sen mě **pronásledoval** dál a já se do Českého ráje čas od času vracel. Ale ať jsem tam jezdil jakkoli často, dívka se už nikdy neobjevila. A přesto jsem nějak věděl, že na mě **čeká.**

Jednoho dne jsem ji po letech hledání konečně našel. Seděla na stejné lavičce v parku a vypadala přesně tak, jak jsem si ji pamatoval. Znovu jsme se na sebe podívali a tentokrát jsem neodvrátil zrak. “Čekala jsem na tebe,” řekla **tiše**. “Vítej doma.” Posadil jsem se na lavičku vedle ní a povídali jsme si celé hodiny. Vyprávěl jsem jí o svém životě a ona mně o tom svém. Měl jsem pocit, že ji znám odjakživa. Nakonec začalo zapadat slunce a oba jsme věděli, že je čas jít **každý svou** cestou. Ale než odešla, naposledy se na mě obrátila. “Pamatuj si,” řekla tiše, “že tady máš vždycky domov.” Už jsem ji nikdy neviděla, ale její slova jsem si navždy pamatovala. A pokaždé, když **zavřu** oči, vidím ji, jak sedí na lavičce v parku a čeká, až se vrátím **domů**.

stordito, aspettandomi che la ragazza apparisse di nuovo. Ma non lo fece e alla fine tornai a casa. Il sogno continuò a **perseguitarmi** e tornai al Bohemian Paradise più volte. Ma per quanto ci andassi spesso, la ragazza non appariva mai più. Eppure, in qualche modo, sapevo che mi stava **aspettando**.

Un giorno, dopo anni di ricerche, finalmente la trovai. Era seduta sulla stessa panchina del parco ed era esattamente come la ricordavo. Ci guardammo di nuovo negli occhi e questa volta non distolsi lo sguardo. "Ti stavo aspettando", disse **dolcemente**. "Bentornata a casa". Mi sedetti sulla panchina accanto a lei e parlammo per ore. Le raccontai la mia vita e lei mi raccontò la sua. Mi sembrava di conoscerla da sempre. Alla fine il sole cominciò a tramontare ed entrambe capimmo che era arrivato il momento di **separare le nostre** strade. Ma prima di andarsene, si rivolse a me un'ultima volta. "Ricorda", mi disse dolcemente, "qui avrai sempre una casa". Non l'ho più rivista, ma ho sempre ricordato le sue parole. E ogni volta che **chiudo** gli occhi, la vedo seduta sulla panchina del parco, che aspetta il mio ritorno a **casa**.

Otázky s porozuměním

1. Co udělá hlavní hrdinka, když poprvé uvidí dívku v parku?

2. Co cítí hlavní hrdinka, když je v Českém ráji?

3. Co řekne dívka hlavnímu hrdinovi, když se setkají podruhé?

4. Proč se hlavní hrdina stále vrací do Českého ráje?

5. Jak se hlavní hrdinka cítí, když konečně znovu najde dívku?

6. Co řekne dívka hlavnímu hrdinovi před odchodem?

7. Co vidí hlavní hrdinka, když zavře oči?

8. Co v kontextu příběhu znamená slovo “strašit”?

9. Co v kontextu příběhu znamená slovo “omámení”?

10. Co v kontextu příběhu znamená věta “jít každý svou cestou”?

Domande di comprensione

1. Che cosa fa la protagonista quando vede per la prima volta la ragazza nel parco?

2. Che cosa prova la protagonista quando si trova nel Paradiso di Boemia?

3. Cosa dice la ragazza al protagonista quando si incontrano per la seconda volta?

4. Perché il protagonista continua a tornare al Paradiso di Boemia?

5. Come si sente la protagonista quando finalmente ritrova la ragazza?

6. Cosa dice la ragazza al protagonista prima di partire?

7. Cosa vede la protagonista quando chiude gli occhi?

8. Che cosa significa la parola “perseguitare” nel contesto della storia?

9. Che cosa significa la parola “stordimento” nel contesto della storia?

10. Che cosa significa l’espressione “prendere strade diverse” nel contesto della storia?

Vepo Kndla Zelo

Byl chladný zimní večer a venku jemně padal sníh. Rodina se shromáždila kolem stolu a vychutnávala si teplé jídlo vepo knedlo zelo. Najednou někdo zaklepal na dveře. Kdo to mohl být? Otec vstal, aby otevřel, a zjistil, že na prahu stojí **cizí člověk**. Byl to starý muž s dlouhými bílými vousy a pronikavýma modrýma očima. Představil se jako Vepo Kndla Zelo a řekl, že jim přišel splnit jedno přání. Otec neváhal; přál si, aby jeho **dcera** byla vždy šťastná a zdravá. Vepo Kndla Zelo se vlídně usmál a řekl, že to splní. Pak **zmizel** v **noci** stejně náhle, jako se objevil.

Léta plynula a rodině se dařilo. Dcera vyrostla v krásnou **mladou** ženu a byla stále šťastná a zdravá, přesně jak si její otec přál. Jednoho dne potkala pohledného mladého muže a zamilovali se do sebe. Vzali se a měli spolu dvě krásné děti. Všechno se zdálo být **dokonalé,** ale pak se stala tragédie. Mladý muž onemocněl vzácnou chorobou a neexistoval na ni lék. Dcera dělala vše, co mohla, aby mu pomohla, ale nakonec zemřel a jí zůstalo zlomené srdce. Roky opět plynuly a nyní již dospělé děti dcery si jednoho zimního dne hrály na sněhu, když v parku našly na **lavičce** sedět starého muže. Vypadal přesně jako Vepo Kndla Zelo! Přistoupily k němu, aby si s ním promluvily, a on

Vepo Kndla Zelo

Era una fredda sera d'inverno e fuori la neve cadeva dolcemente. La famiglia era riunita intorno al tavolo, gustando un pasto caldo a base di vepo knedlo zelo. All'improvviso bussarono alla porta. Chi poteva essere? Il padre si alzò per rispondere e trovò uno **sconosciuto** in piedi sulla soglia. Era un uomo anziano, con una lunga barba bianca e penetranti occhi azzurri. Si presentò come Vepo Kndla Zelo e disse che era venuto per esaudire un desiderio. Il padre non esitò: desiderava che sua **figlia fosse** sempre felice e in salute. Vepo Kndla Zelo sorrise gentilmente e disse che sarebbe stato esaudito. Poi **sparì** nella **notte** all'improvviso come era apparso.

Gli anni passarono e la famiglia prosperò. La figlia divenne una bella **giovane** donna, sempre felice e in salute, proprio come desiderava suo padre. Un giorno incontrò un bel giovane e si innamorarono. Si sposarono ed ebbero due splendidi figli. Tutto sembrava **perfetto**, ma poi arrivò la tragedia. Il giovane si ammalò di una malattia rara e non esisteva una cura. La figlia fece tutto il possibile per aiutarlo, ma alla fine morì, lasciandola con il cuore spezzato. Gli anni passarono di nuovo e i figli della figlia, ormai adulti, un giorno d'inverno stavano giocando nella

jim řekl, že je to skutečně ten samý člověk, který před lety splnil **přání** jejich babičky.

Řekl, že na ně celé ty roky dohlížel a viděl, jakou bolestí jejich matka po otcově smrti **trpěla, a** tak jí chtěl splnit poslední přání: aby i její děti byly vždy šťastné. A s tím Vepo Kndla Zelo opět zmizel z jejich života. Roky plynuly a děti vyrostly ve šťastné a **zdravé** dospělé. Často myslely na starce, který splnil poslední přání jejich matky, a věděly, že nad nimi bude vždy bdít. Jednoho **chladného** zimního dne seděla nyní již stará matka v houpacím křesle u krbu a přemýšlela o svém životě. Byla tak požehnaná; navzdory všemu smutku a **bolestem, které** zažila, byla vždy obklopena láskou. A věděla, že to všechno díky Vepo Kndla Zelo.

neve quando trovarono un uomo anziano seduto su una **panchina del** parco. Era identico a Vepo Kndla Zelo! Si avvicinarono per parlargli ed egli disse loro che era davvero la stessa persona che aveva esaudito il **desiderio** della loro nonna tanti anni prima.

Disse che aveva vegliato su di loro per tutti questi anni e aveva visto quanto dolore aveva **sofferto** la madre dopo la morte del padre; perciò voleva esaudire il suo ultimo desiderio: che anche i suoi figli fossero sempre felici. E con questo Vepo Kndla Zelo sparì ancora una volta dalle loro vite. Gli anni passarono e i bambini divennero adulti **sani** e felici. Pensavano spesso al vecchio che aveva esaudito l'ultimo desiderio della madre e sapevano che avrebbe sempre vegliato su di loro. Un **freddo** giorno d'inverno, la madre, ormai anziana, era seduta sulla sedia a dondolo accanto al fuoco e pensava alla sua vita. Era stata così fortunata; nonostante tutta la tristezza e il **dolore** che aveva vissuto, era sempre stata circondata dall'amore. E sapeva che era tutto merito di Vepo Kndla Zelo.

Otázky s porozuměním

1. Jaké bylo otcovo přání?

2. Jak se dcera seznámila se svým manželem?

3. Co se stalo s manželem?

4. Koho děti našly v parku?

5. Jaké bylo poslední přání matky?

6. Jak se matka cítila ve svém životě?

7. Kdo byl Vepo Kndla Zelo?

8. Co udělal Vepo Kndla Zelo pro rodinu?

9. Proč Vepo Kndla Zelo splnil matčino poslední přání?

10. Jaký byl výsledek matčina posledního přání?

Domande di comprensione

1. Qual era il desiderio del padre?

2. Come ha conosciuto il marito la figlia?

3. Cosa è successo al marito?

4. Chi hanno trovato i bambini nel parco?

5. Qual era l'ultimo desiderio della madre?

6. Come si sentiva la madre rispetto alla sua vita?

7. Chi era Vepo Kndla Zelo?

8. Cosa ha fatto Vepo Kndla Zelo per la famiglia?

9. Perché Vepo Kndla Zelo ha esaudito l'ultimo desiderio della madre?

10. Qual è stato il risultato dell'ultimo desiderio della madre?

Praha

Probudil jsem se za zvukem cvrlikání ptáků za **oknem**. Slunce právě vykukovalo nad obzor a vrhalo na oblohu růžovou a oranžovou záři. Vstala jsem z postele, protáhla se, zhluboka se nadechla a cítila, jak mi plíce plní **chladný** vzduch. Čekal mě další krásný den v Praze. Zamířila jsem dolů, kde jsem ucítila vůni čerstvě uvařené kávy. Manžel už byl vzhůru a četl si noviny u kuchyňského stolu. Vyměnili jsme si krátké **zdvořilosti,** když jsem si nalila šálek kávy a posadila se k němu. Oba jsme věděli, že dnes toho musíme hodně udělat, pokud chceme co nejlépe využít čas strávený tady v Praze. Dopoledne jsme strávili procházkou po Staroměstském náměstí, obdivovali veškerou architekturu a občas se zastavili, abychom se **vyfotili** nebo si vzali něco k jídlu od jednoho z mnoha pouličních prodejců tradičních českých jídel, jako je klobása nebo trdelník.

Když jsme se procházeli úzkými uličkami lemovanými **obchůdky se** vším možným od ručně vyráběných šperků po ručně malovaná velikonoční vajíčka, připadali jsme si, jako bychom se vrátili v čase. Odpoledne jsme se rozhodli pro plavbu lodí po Vltavě. Zatímco jsme klouzali po vodě, náš průvodce nás upozorňoval na všechny důležité **památky** a vyprávěl nám příběhy

Praga

Mi svegliai al suono degli uccelli che cinguettavano fuori dalla **finestra**. Il sole faceva appena capolino all'orizzonte, proiettando un bagliore rosa e arancione nel cielo. Mi alzai dal letto e mi stiracchiai, inspirando profondamente e sentendo l'aria **fresca** riempirmi i polmoni. Sarebbe stata un'altra bella giornata a Praga. Scesi al piano di sotto, dove sentii il profumo del caffè appena preparato. Mio marito era già in piedi e leggeva il giornale al tavolo della cucina. Ci scambiammo brevi **convenevoli** mentre mi versavo una tazza di caffè e mi sedevo con lui. Sapevamo entrambi che oggi avevamo molto da fare se volevamo sfruttare al meglio il nostro tempo qui a Praga. Trascorremmo la mattinata passeggiando per la Piazza della Città Vecchia, ammirando tutta l'architettura e fermandoci di tanto in tanto a scattare **foto** o a mangiare un boccone da uno dei tanti venditori ambulanti di cibo tradizionale ceco come la klobasa o il trdelnik.

Passeggiando per le stradine strette, fiancheggiate da **negozi** che vendono di tutto, dai gioielli fatti a mano alle uova di Pasqua dipinte a mano, ci è sembrato di fare un salto indietro nel tempo. Nel pomeriggio abbiamo deciso di fare un giro in barca sul fiume Moldava. Mentre scivolavamo sull'acqua, la nostra guida ci ha

o historii Prahy. Prošli jsme kolem Karlova mostu se sochami svatých, kteří na nás dohlížejí, a viděli jsme impozantní hrad, který se tyčí na kopci na druhé straně řeky. Bylo těžké uvěřit, že toto město existuje už po **staletí;** připadalo mi jako z pohádky. Když se začalo stmívat, vrátili jsme se na Staroměstské náměstí, kde jsme začali náš den. Náměstí teď bylo plné lidí, kteří si vychutnávali nápoje ve venkovních kavárnách nebo poslouchali živou **hudbu** linoucí se z některého z mnoha barů rozesetých po okolí.

Našli jsme si místo na lavičce a sledovali tančící páry před starou **fontánou osvětlenou** barevnými světly. Bylo to kouzelné. Náš dokonalý den jsme zakončili večeří v restauraci s výhledem na řeku a pak jsme se unavení, ale šťastní vrátili do hotelového pokoje. Následujících několik dní bylo plných aktivit. Navštěvovali jsme **muzea** a galerie, chodili na procházky po parcích a zahradách a ochutnali tolik českého jídla a piva, kolik jsme jen mohli. Každý den byl plný nových dobrodružství a každý večer jsme padali do postele vyčerpaní, ale spokojení. Poslední den v Praze jsme vstávali brzy, abychom co nejlépe využili čas, který nám v tomto krásném městě zbýval. Ruku v ruce jsme se procházeli ulicemi a naposledy si **vše** vychutnávali, než jsme se vrátili do reality.

indicato tutti i **punti di riferimento** più importanti e ci ha raccontato la storia di Praga. Siamo passati accanto al Ponte Carlo, con le sue statue di santi che vegliavano su di noi, e abbiamo visto l'imponente castello arroccato su una collina dall'altra parte del fiume. Era difficile credere che questa città esistesse da **secoli**; sembrava uscita da una favola. Quando iniziò a calare la notte, tornammo verso la Piazza della Città Vecchia, dove avevamo iniziato la giornata. La piazza era ora piena di persone che si godevano un drink nei caffè all'aperto o ascoltavano la **musica** dal vivo proveniente da uno dei tanti bar che punteggiano la zona.

Abbiamo trovato un posto su una panchina e abbiamo guardato le coppie che ballavano davanti a una vecchia **fontana** illuminata con luci colorate. È stato magico. Abbiamo concluso la nostra giornata perfetta con una cena in un ristorante che si affacciava sul fiume, prima di tornare nella nostra camera d'albergo stanchi ma felici. I giorni successivi sono stati un susseguirsi di attività. Abbiamo visitato **musei** e gallerie d'arte, passeggiato per parchi e giardini e assaggiato più cibo e birra ceca che potevamo. Ogni giorno era pieno di nuove avventure e ogni sera andavamo a letto esausti ma soddisfatti. L'ultimo giorno a Praga ci siamo svegliati presto per sfruttare al massimo il tempo che ci rimaneva da vivere in questa bellissima città. Abbiamo camminato mano nella mano per le strade, assaporando **tutto per l'**ultima volta prima di tornare alla realtà.

Otázky s porozuměním

1. Na jaký zvuk se hlavní hrdina probudil?

2. Co dělalo slunce, když se hlavní hrdina probudil?

3. Co udělal hlavní hrdina, když se probudil?

4. Co cítil hlavní hrdina, když sešel dolů?

5. Kdo už byl vzhůru, když hlavní hrdina sešel dolů?

6. Co dělali hlavní hrdinka a její manžel ráno?

7. Co měl hlavní hrdina k obědu?

8. Co dělal hlavní hrdina odpoledne?

9. Jaká byla reakce hlavního hrdiny na město?

10. Co dělal hlavní hrdina poslední den v Praze?

Domande di comprensione

1. Che suono ha sentito il protagonista al risveglio?

2. Cosa stava facendo il sole quando il protagonista si è svegliato?

3. Che cosa ha fatto il protagonista quando si è svegliato?

4. Che odore sentiva il protagonista quando scendeva le scale?

5. Chi era già in piedi quando il protagonista è sceso al piano di sotto?

6. Cosa facevano la protagonista e il marito al mattino?

7. Cosa ha mangiato il protagonista a pranzo?

8. Che cosa ha fatto il protagonista nel pomeriggio?

9. Qual è stata la reazione del protagonista alla città?

10. Che cosa ha fatto il protagonista nel suo ultimo giorno a Praga?

Kubista

Kubista byl vždycky kreativní dítě. Ráda vyráběla **rukama a** stále přicházela s novými nápady. Když jí bylo pět let, vyrobila ze staré krabice kartonový domeček pro své panenky. Její rodiče byli tak ohromeni, že si ho vyfotili a dali do rodinného alba. Kubista stále vytvářela **něco** nového, ať už to byl obraz nebo socha, nebo jen něco pro zábavu. Když jí bylo osmnáct, rozhodla se Kubista, že až vyroste, chce být umělkyní. Šla na **vysokou školu** uměleckého směru a absolvovala ji s vyznamenáním. Přestěhovala se do New Yorku, aby si splnila svůj sen stát se umělkyní. Získala práci asistentky v umělecké galerii a tvrdě pracovala, aby se naučila vše o tomto oboru. Během několika let si našetřila dost peněz, aby si mohla otevřít vlastní galerii. Kubistova galerie se rychle stala jednou z **nejúspěšnějších ve** městě.

Na její jedinečná díla se sjížděli lidé z celého světa. Mnozí lidé říkali, že jim Kubistova díla připomínají jejich **dětství** a vyvolávají v nich pocit štěstí. Její díla přinášela lidem do života radost, což Kubista na své práci umělkyně milovala nejvíce. Kubista byla úspěšnou umělkyní i v dospělosti. Vystavovala svá díla po celém světě a získala mnoho ocenění. Lidé byli vždy ohromeni její **kreativitou** a představivostí. Její umělecká díla se nepodobala ničemu, co kdy předtím viděli. Jednoho dne Kubistu oslovila žena, která si chtěla objednat dílo pro svůj nový domov. Žena

Kubista

Kubista è sempre stata una bambina creativa. Amava costruire cose con le **mani** e le venivano sempre nuove idee. A cinque anni, con una vecchia scatola, costruì una casa di cartone per le sue bambole. I suoi genitori rimasero così colpiti che la fotografarono e la inserirono nell'album di famiglia. Kubista realizzava sempre **qualcosa** di nuovo, sia che si trattasse di un dipinto o di una scultura, sia che si trattasse di un semplice divertimento. Quando compì diciotto anni, Kubista decise che da grande voleva diventare un'artista. Frequenta l'**università** di arte e si laurea con lode. Si trasferisce a New York per inseguire il suo sogno di artista. Ha trovato lavoro come assistente in una galleria d'arte e ha lavorato duramente per imparare tutto ciò che riguardava l'attività. Nel giro di pochi anni ha risparmiato abbastanza per aprire la sua galleria. La galleria di Kubista divenne rapidamente una delle più **importanti della** città.

La gente è venuta da ogni parte per vedere le sue opere d'arte uniche. Molti hanno detto che le opere di Kubista ricordavano loro l'**infanzia** e li facevano sentire felici. Il suo lavoro portava gioia nella vita delle persone, che è ciò che Kubista amava di più dell'essere un'artista. La Kubista ha continuato a essere un'artista di successo anche in età adulta. Ha esposto le sue opere in tutto il mondo e ha vinto molti premi. Le persone erano

Kubistě řekla, že chce něco **výjimečného,** něco, co by ji potěšilo pokaždé, když by to viděla. Po chvíli přemýšlení přišel Kubista s dokonalým nápadem. Vytvořila nástěnnou malbu kouzelného lesa s vílami, elfy a dalšími kouzelnými bytostmi. Žena byla výsledkem nadšená a nástěnnou malbu si pověsila do obývacího pokoje, kde ji mohla vidět každý den. Kubistova **umělecká díla** stále přinášejí lidem radost do života.

Je skutečně jedinečná a navždy zůstane v paměti jako jedna z **nejtalentovanějších** umělkyň naší doby. Kubistův život se změnil, když jí byla diagnostikována rakovina. Bylo jí pouhých pětačtyřicet let. Lékaři tvrdili, že je **agresivní a** že jí nezbývá mnoho času. Kubista byla zdrcená. Vždycky byla zdravá a nikdy si nemyslela, že by ji něco takového mohlo potkat. Během léčby Kubista velmi zeslábla a zeslábla. Přišla o všechny vlasy a měla chuť to vzdát. Věděla však, že se nemůže vzdát, ne když jsou tu stále lidé, kteří její umělecké dílo ve svém životě potřebují. S pomocí **rodiny** a přátel Kubista s rakovinou tvrdě bojovala a nakonec ji porazila. Po překonání rakoviny se Kubista rozhodla ukončit svou uměleckou činnost.

sempre stupite dalla sua **creatività** e immaginazione. Le sue opere d'arte non erano mai state viste prima. Un giorno, Kubista fu avvicinata da una donna che voleva commissionarle un'opera per la sua nuova casa. La donna disse a Kubista che voleva qualcosa di **speciale**, qualcosa che la facesse sentire felice ogni volta che lo vedeva. Dopo averci pensato per un po', Kubista ha avuto l'idea perfetta! Ha creato un murale di una foresta incantata, con tanto di fate, elfi e altre creature magiche. La donna fu entusiasta del risultato e appese il murale nel suo salotto, dove poteva vederlo ogni giorno. Le **opere d'arte** di Kubista continuano a portare felicità nella vita delle persone.

È davvero unica nel suo genere e sarà sempre ricordata come una delle artiste più **talentuose** del nostro tempo. La vita della Kubista ha subito una svolta quando le è stato diagnosticato un cancro. Aveva solo quarantacinque anni. I medici dissero che era **aggressivo** e che non le restava molto tempo. Kubista era distrutta. Era sempre stata in salute e non aveva mai pensato che le sarebbe capitata una cosa del genere. Durante il trattamento, Kubista divenne molto debole e fragile. Perse tutti i capelli e sentì il desiderio di arrendersi. Ma sapeva che non poteva arrendersi, non quando c'erano ancora persone che avevano bisogno della sua opera d'arte nella loro vita. Con l'aiuto della sua **famiglia** e dei suoi amici, Kubista ha combattuto duramente contro il cancro e alla fine lo ha sconfitto. Dopo aver sconfitto il cancro, Kubista ha deciso di ritirarsi dall'attività artistica.

Otázky s porozuměním

1. Co dělala Kubista, když jí bylo pět let?

2. Co dělala Kubista, když dokončila vysokou školu?

3. Čím byla Kubistova galerie známá?

4. Co vytvořil Kubista pro ženu, která si dílo objednala?

5. Jak se změnil Kubistův život, když jí byla diagnostikována rakovina?

6. Co dělal Kubista poté, co porazil rakovinu?

7. Jaký je Kubistův umělecký odkaz?

8. Proč si Kubistini rodiče vyfotili dům, který vyrobila, když jí bylo pět let?

9. Jak se Kubista cítila, když jí poprvé diagnostikovali rakovinu?

10. Čemu se chtěla Kubista věnovat po odchodu do důchodu?

Domande di comprensione

1. Che cosa ha fatto Kubista quando aveva cinque anni?

2. Che cosa ha fatto Kubista quando si è laureata?

3. Per cosa era nota la galleria di Kubista?

4. Che cosa ha creato Kubista per la donna che ha commissionato un'opera?

5. Come è cambiata la vita di Kubista quando le è stato diagnosticato il cancro?

6. Cosa ha fatto Kubista dopo aver sconfitto il cancro?

7. Qual è l'eredità di Kubista come artista?

8. Perché i genitori di Kubista hanno scattato una foto della casa che ha costruito quando aveva cinque anni?

9. Come si è sentita Kubista quando le è stato diagnosticato il cancro?

10. Cosa voleva fare Kubista dopo essersi ritirata dall'attività di artista?

Na pláži

Po východu slunce jsou vlny hlasitější a písek nad přílivem je bílý. Jdu dolů na pláž a **obdivuji** moře a slunce. Prsty u nohou cítím rýhy mušlí. Písek mě studí na prstech. Usmívám se a jdu dál. Příliv je vysoký, takže si musím dávat pozor, aby mě nevtáhl dovnitř. Procházím se po břehu a obdivuji moře. Vychází **krásné** slunce a vlny se rozbíjejí. Cítím se tak klidně. Přicházím k místu, kde je skalní výběžek. Posadím se a pozoruji vlny. Voda je tak modrá a obloha tak **oranžová**. Připadám si jako ve snu. Zavřu oči a jen poslouchám vlny. Sedím tam dlouho, dokud neuslyším, jak někdo volá mé jméno.

Otevřu oči a vidím, jak ke mně jde máma. Ve tváři má ustaraný výraz. Usměju se a zamávám jí a ona **se uklidní**. “Zajímalo mě, kam jsi šla,” řekne. “Jsem ráda, že se ti na pláži líbí.” Odpovídám: “To ano.” “Je tu tak krásně.” “Já vím,” řekne. “Když jsem byla ve tvém věku, chodívala jsem sem pořád.” “Vážně?” Zeptám se. “Jo,” odpoví. “Je to zvláštní místo.” “Potkala jsi tady někdy někoho zvláštního?” Zeptám se. “Potkala,” odpoví s úsměvem. “S tvým otcem.” “Opravdu?” Řeknu **překvapeně**. “Ano,” řekne. “Chodili jsme sem spolu pořád. Tady jsme se do sebe zamilovali. “ Usměju se a **představím si, jak se** moji rodiče zamilovali na téhle

In spiaggia

Dopo l'alba, le onde sono più forti e la sabbia sopra la marea è bianca. Cammino verso la spiaggia, **ammirando** il mare e il sole. Le mie dita dei piedi sentono i solchi delle conchiglie. La sabbia è fredda sulle dita dei piedi. Sorrido e continuo a camminare. La marea è alta, quindi devo fare attenzione a non farmi trascinare. Cammino lungo la riva, ammirando il mare. L'alba è **bellissima** e le onde si infrangono. Mi sento così in pace. Arrivo a un punto in cui c'è una roccia affiorante. Mi siedo e guardo le onde. L'acqua è così blu e il cielo è così **arancione**. Mi sembra di essere in un sogno. Chiudo gli occhi e ascolto le onde. Rimasi seduto lì per molto tempo, finché non sentii qualcuno che chiamava il mio nome.

Apro gli occhi e vedo mia madre che viene verso di me. Ha un'espressione preoccupata. Le sorrido e la saluto, e lei **si rilassa**. "Mi chiedevo dove fossi andata", dice. "Sono contenta che ti stia godendo la spiaggia". Io rispondo: "Lo sto facendo". "È così bello qui". "Lo so", dice. "Venivo sempre qui quando avevo la tua età". "Davvero?" Chiedo. "Sì", risponde. "È un posto speciale". "Hai mai incontrato qualcuno di speciale qui?". Le chiedo. "Sì", risponde sorridendo. "Tuo padre". "Davvero?" Dico, **sorpreso**. "Sì", dice

krásné pláži. “Je to zvláštní místo,” opakuje. “Jsem ráda, že jsi sem dnes přišel.”

Ještě chvíli tam sedíme a **pozorujeme** vlny a západ slunce. Pak se zvedáme a vracíme se k ručníkům. Lehnu si a dívám se na hvězdy. Cítím se tak šťastná a spokojená. Vlny jsou teď hlasitější a písek je studený. Slunce zapadá a fouká chladný vánek. Vlny se tříští o břeh a ve vzduchu je cítit sůl. Je to dokonalý večer pro pobyt na pláži. Procházím se po pobřeží, **poslouchám** šumění vln a pozoruji západ slunce. Vidím skupinku lidí, kteří sedí na písku, smějí se a vtipkují. Vypadají, že se skvěle baví. Přistoupím k nim a zeptám se, jestli se k nim můžu přidat. Souhlasí a zbytek večera strávíme povídáním, smíchem a pozorováním **západu slunce**. Je to dokonalý večer. Se skupinou si povídáme až do západu slunce. Sdílíme historky a vtipy a všichni se skvěle bavíme. Jak se začíná stmívat, začínáme se všichni cítit unavení. Políbíme se na **rozloučenou** a rozcházíme se. Vracím se do hotelu a cítím se šťastný a spokojený. Nemůžu uvěřit, jak je tu krásně. Jsem šťastná, že jsem to mohla **zažít.**

lei. “Venivamo sempre qui insieme. È qui che ci siamo innamorati. “Sorrido, **immaginando i** miei genitori che si innamorano su questa bellissima spiaggia. “È un posto speciale”, ripete. “Sono felice che siate venuti qui oggi”.

Rimaniamo seduti ancora per un po’ a **guardare** le onde e il tramonto. Poi ci alziamo e torniamo ai nostri teli da mare. Mi sdraio e guardo le stelle. Mi sento così felice e soddisfatta. Le onde ora sono più forti e la sabbia è fredda. Il sole sta tramontando e soffia una brezza fresca. Le onde si infrangono sulla riva e nell’aria si sente l’odore del sale. È una serata perfetta per stare in spiaggia. Cammino lungo la riva, **ascoltando** il suono delle onde e guardando il tramonto. Vedo un gruppo di persone sedute sulla sabbia che ridono e scherzano. Sembra che si stiano divertendo molto. Mi avvicino a loro e chiedo se posso unirmi a loro. Mi rispondono di sì e passiamo il resto della serata a parlare, ridere e guardare il **tramonto**. È una serata perfetta. Io e il gruppo parliamo fino al tramonto. Condividiamo storie e battute e ci divertiamo molto. Quando la notte inizia a calare, cominciamo tutti a sentirci stanchi. Ci **salutiamo** con un bacio e ci separiamo. Torno al mio hotel, felice e soddisfatta. Non riesco a credere a quanto sia bello qui. Sono così fortunata ad averlo **vissuto**.

Otázky s porozuměním

1. Kam jde vypravěčka po probuzení?

2. Co vypravěč obdivuje, když se prochází po pláži?

3. Na co si musí vypravěč dávat pozor, když se prochází po pláži?

4. Kam se vypravěč posadí, aby se pokochal výhledem?

5. Jak dlouho tam vypravěč sedí?

6. Koho vypravěč vidí, když znovu otevře oči?

7. Co říká vypravěčova matka?

8. O čem vypravěč a lidé, které potkává, mluví?

Domande di comprensione

1. Dove va la narratrice dopo essersi svegliata?

2. Che cosa ammira la narratrice mentre cammina lungo la spiaggia?

3. A che cosa deve fare attenzione la narratrice mentre cammina lungo la spiaggia?

4. Dove si siede il narratore per godersi il panorama?

5. Per quanto tempo il narratore rimane seduto lì?

6. Chi vede la narratrice quando riapre gli occhi?

7. Cosa dice la madre del narratore?

8. Di che cosa parlano il narratore e le persone che incontra?

Kempování u jezera

Jdu směrem k jezeru a **obdivuji** klidnou scenérii. Slunce praží do malého jezera, takže voda vypadá jako skleněná tabule. Jediným pohybem je občasné zavlnění, které způsobí ryba **rozrážející** hladinu. Dokonce i ptáci jako by si dávali pauzu od horka, vzduchem se nese jen zvuk cikád. **Náhle** klid naruší hlasité šplouchnutí. Z vody vyskočí velká **ryba a** snaží se chytit vážku. Ryba mine svůj cíl a se šplouchnutím spadne zpět do vody. "Páni," pomyslím si, "to byla velká ryba!". Rozhlédl jsem se kolem, jestli ji neviděl ještě někdo jiný, ale nikdo v okolí nebyl. Asi jim to budu muset říct, až se vrátím do tábora.

Horko je **úmorné a** špatně se dýchá. Vzduch je hustý a těžký jako deka, která vás obklopuje. Jedinou úlevou je voda. Je chladivá a osvěžující, jako studený nápoj v horkém dni. Zhluboka se nadechnu a ponořím se do vody. Úleva je okamžitá, jak mě chladná voda obklopí. Plavu ke dnu a pak se vracím na hladinu a cítím, jak mi voda ochlazuje tělo. Pokračuji v **plavání** koleček a užívám si úlevu od horka. Po chvíli vylezu z vody a lehnu si na trávu, aby mi slunce osušilo tělo. Zavřu oči a usnu, zvuk **cikád** mě ukolébá do hlubokého spánku. Nechávám slunce, aby mi z kůže vypeklo vodu. Cítím, jak mi rudne kůže, ale je mi to jedno. Je mi příliš

Campeggio al lago

Cammino verso il lago, **ammirando** la tranquillità della scena. Il sole batte sul piccolo lago, facendo sembrare l'acqua una lastra di vetro. L'unico movimento è l'increspatura occasionale di un pesce **che rompe** la superficie. Anche gli uccelli sembrano prendersi una pausa dal caldo, con il solo suono delle cicale che riempie l'aria. **All'improvviso**, la pace è rotta da un forte tonfo. Un grosso **pesce** è saltato fuori dall'acqua, cercando di catturare una libellula. Il pesce manca il bersaglio e ricade in acqua con un tonfo. "Wow", penso tra me e me, "quello era un pesce grosso!". Mi guardai intorno per vedere se qualcun altro l'avesse visto, ma non c'era nessuno. Immagino che dovrò raccontarlo quando tornerò al campo.

Il caldo è **opprimente** e rende difficile respirare. L'aria è densa e pesante, come una coperta che ti avvolge. L'unico sollievo è l'acqua. È fresca e rinfrescante, come una bibita fresca in una giornata calda. Faccio un respiro profondo e mi immergo nell'acqua. Il sollievo è immediato quando l'acqua fresca mi circonda. Nuoto fino al fondo e poi risalgo in superficie, sentendo l'acqua rinfrescare il mio corpo. Continuo a **nuotare** a vasche, godendomi la tregua dal caldo. Dopo un po' esco dall'acqua e mi sdraio sull'erba, lasciando

horko na to, aby mi to vadilo. vzápětí si uvědomím, že slunce zapadá. Obloha je krásně oranžová s růžovými a fialovými pruhy. Horko je pryč, nahradil ho chladný **vánek**.

Vstávám, oblékám se a cítím se svěží a omlazená. Zhluboka **se nadechnu** chladného vzduchu a usměju se. Je příjemné být naživu. Vracím se do kempu a obdivuji, jak barvy tančí na obloze. V dálce vidím hořící táborák a ve vzduchu cítím kouř. Usměju se a **zrychlím** krok. Jsem připravená odpočívat a užívat si zbytek večera. Vcházím do tábořiště a vidím, že se všichni shromáždili kolem ohně. **Smějí se** a vtipkují a já vidím, jak se jim oheň odráží v očích. Usměju se a posadím se vedle svých přátel. Je dobré být zpátky. Druhý den ráno vstávám brzy a začínám si balit věci. Nemůžu se dočkat, až se vrátím na stezku a budu pokračovat v cestě. Rozloučím se s přáteli a začnu odcházet. Během chůze se naposledy podívám na **tábořiště**. V dálce vidím stále hořící oheň a ve vzduchu cítím kouř. Usměju se a zrychlím krok. Jsem připravená pokračovat v **cestě**.

che il sole asciughi il mio corpo. Chiudo gli occhi e mi addormento, mentre il suono delle **cicale** mi culla in un sonno profondo. Lascio che il sole scrosti l'acqua dalla mia pelle. Sento la pelle arrossarsi, ma non mi importa. Sono troppo accaldato per preoccuparmene. Il cielo è di un bellissimo arancione, con striature di rosa e viola. Il caldo è scomparso, sostituito da una fresca **brezza**.

Mi alzo e mi rivesto, sentendomi rinfrescata e ringiovanita. **Respiro** profondamente l'aria fresca e sorrido. È bello essere vivi. Torno al campeggio, ammirando il modo in cui i colori danzano nel cielo. Vedo il fuoco che arde in lontananza e sento l'odore del fumo nell'aria. Sorrido e **accelero il** passo. Sono pronto a rilassarmi e a godermi il resto della serata. Entro nel campeggio e vedo che tutti sono riuniti intorno al fuoco. **Ridono** e scherzano e posso vedere il fuoco riflesso nei loro occhi. Sorrido e mi siedo accanto ai miei amici. È bello essere tornati. La mattina dopo mi sveglio presto e comincio a raccogliere le mie cose. Sono impaziente di riprendere il cammino e continuare il mio viaggio. Saluto i miei amici e mi incammino. Mentre cammino, do un'ultima occhiata al **campeggio**. Vedo il fuoco ancora acceso in lontananza e sento l'odore del fumo nell'aria. Sorrido e accelero il passo. Sono pronto a continuare il mio **viaggio**.

Otázky s porozuměním

1. Kam chodec jde?

2. Jaké je počasí?

3. Jak vypadá voda?

4. Jak chodec reaguje na teplo?

5. Co dělá ryba?

6. Proč je chodec sám?

7. Jaký je pocit z vody?

8. Jak se chodec cítí po plavání?

9. V kterou denní dobu se chodec probudí?

10. Kam jde chodec, když opustí tábor?

Domande di comprensione

1. Dove sta andando il camminatore?

2. Che tempo fa?

3. Che aspetto ha l'acqua?

4. Come reagisce il deambulatore al calore?

5. Cosa sta facendo il pesce?

6. Perché il camminatore è solo?

7. Come si sente l'acqua?

8. Come si sente il camminatore dopo il nuoto?

9. A che ora del giorno si sveglia il deambulatore?

10. Dove va l'ambulante quando lascia il campo?

Dům

Minulý týden jsem se přestěhovala do svého nového domu a jsem z toho tak **nadšená**! Je mnohem větší než můj starý a má velkou zahradu. Nemůžu se dočkat, až k nám budou chodit přátelé na grilování a večírky. **Nejraději mám** svou novou ložnici. Je tak velká a světlá a mám tam spoustu místa na všechny své věci. Jsem se svým novým domem opravdu spokojená a myslím, že tu budu velmi šťastná. Rozhodla jsem se dům ještě trochu prozkoumat. Vyšla jsem nahoru do druhého patra a začala jsem se ubírat do kuchyně, když jsem na zdi uviděla velkého černého pavouka! Vykřikla jsem a běžela dolů. Byla jsem tak **vyděšená**! Ale po několika minutách jsem se uklidnila a rozhodla se vrátit nahoru. Pomalu jsem došla do kuchyně a uviděla, že pavouk je pryč. Tolik se mi ulevilo! Vrátila jsem se dolů a rozhodla se jít ven prozkoumat **dvorek**. Byl tak velký! Nemohla jsem tomu uvěřit. V rohu jsem uviděla houpačku a skluzavku. Také jsem viděla basketbalovou síť a **trampolínu**. Byla jsem tak nadšená!

Nemůžu se dočkat, až budu moci všechny tyto nové věci používat. Přišli **sousedé** a představili se. Vypadali opravdu mile a chvíli jsme si povídali. Pozvali mě na grilování příští víkend a já jsem řekl, že rád přijdu. První týden v novém domě jsem si užila a těším se na

La casa

La settimana scorsa mi sono trasferita nella mia nuova casa e sono così **entusiasta**! È molto più grande di quella vecchia e ha un grande cortile. Non vedo l'ora di invitare gli amici per grigliate e feste. La mia parte **preferita** è la mia nuova camera da letto. È così grande e luminosa e ho molto spazio per mettere tutte le mie cose. Sono molto contenta della mia nuova casa e penso che sarò molto felice qui. Ho deciso di esplorare ancora un po' la casa. Sono salita al secondo piano e ho iniziato a dirigermi verso la cucina quando ho visto un grosso ragno nero sul muro! Ho urlato e sono corsa di sotto. Ero così **spaventata**! Ma dopo qualche minuto mi sono calmata e ho deciso di tornare di sopra. Mi sono avvicinata lentamente alla cucina e ho visto che il ragno non c'era più. Ero così sollevata! Tornai al piano di sotto e decisi di uscire per esplorare il **giardino**. Era così grande! Non potevo crederci. Vidi un'altalena in un angolo e uno scivolo. Vidi anche una rete da basket e un **trampolino**. Ero così eccitato!

Non vedo l'ora di usare tutto questo nuovo materiale. I **vicini sono** venuti e si sono presentati. Sembravano molto gentili e abbiamo parlato per un po'. Mi hanno invitato al loro barbecue il prossimo fine settimana e ho detto che mi sarebbe piaciuto venire. La prima

všechna nová dobrodružství, která mě čekají. Dnes se chystám znovu prozkoumat zahradu a zjistit, co ještě najdu. Kdo ví, třeba najdu i nějaký **poklad**. Už se nemůžu dočkat, co přinese příští týden! Další týden jsem se opět vydal na průzkum na dvorek a našel jsem **tajnou** zahradu. Byla tak krásná! Všude byly květiny a malé jezírko s rybami. Také jsem viděla houpačku, kterou jsem předtím neviděla. Byla jsem tak nadšená, že jsem tu tajnou zahradu našla, a už se nemůžu dočkat, až ji budu zkoumat dál. Bylo to tak **krásné**!

Všude byly květiny a rybníček s rybami. Také jsem viděla houpačku, kterou jsem předtím neviděla. Byla jsem nadšená, že jsem tuhle tajnou zahradu našla, a už se nemůžu dočkat, až ji budu moct prozkoumat víc. Také se mi líbil můj nový pokoj. Byl tak velký a světlý a na stěnách už visely plakáty mých oblíbených kapel. Dokonce jsem si ani nemusela brát žádný vlastní **nábytek,** protože už tu byla postel, komoda a psací stůl. Tohle bude ten nejlepší rok vůbec! Byla jsem trochu nervózní z toho, že začínám v nové **škole,** ale všichni moji noví sousedé byli tak přátelští. Dokonce jsem se seznámila s dívkou, která bydlí vedle, a ta říká, že se mnou první den půjde do školy pěšky. Můj nový dům se mi moc líbí a jsem nadšená, že můžu začít novou kapitolu svého života!

settimana nella mia nuova casa è stata fantastica e sono entusiasta di tutte le nuove avventure che mi aspettano. Oggi andrò di nuovo a esplorare il cortile per vedere cos'altro riesco a trovare. Chissà, forse troverò anche un **tesoro**. Non vedo l'ora di vedere cosa mi porterà la prossima settimana! La settimana successiva sono andata di nuovo in esplorazione nel cortile e ho trovato un giardino **segreto**. Era così bello! C'erano fiori dappertutto e un laghetto con i pesci. Ho visto anche un'altalena che non avevo mai visto prima. Ero così entusiasta di aver trovato questo giardino segreto e non vedo l'ora di esplorarlo ancora. Era così **bello**!

C'erano fiori dappertutto e un laghetto con dei pesci. Ho anche visto un'**altalena** che non avevo mai visto prima. Ero così entusiasta di aver trovato questo giardino segreto e non vedo l'ora di esplorarlo meglio. Mi è piaciuta molto anche la mia nuova stanza. Era così grande e luminosa e sulle pareti c'erano già i poster delle mie band preferite. Non ho nemmeno dovuto portare i miei **mobili**, perché c'erano già un letto, una cassettiera e una scrivania. Questo sarà l'anno migliore di sempre! Ero un po' nervosa all'idea di iniziare una nuova **scuola**, ma tutti i miei nuovi vicini sono stati così amichevoli. Ho persino conosciuto una ragazza che abita nella casa accanto e ha detto che verrà a scuola con me il primo giorno. Adoro la mia nuova casa e sono così entusiasta di iniziare questo nuovo capitolo della mia vita!

Otázky s porozuměním

1. Kde daná osoba žije?

2. Jak se mu v novém domě líbí?

3. Jaká je oblíbená část nového domu?

4. Co našel v zahradě?

5. Kdo jsou sousedé?

6. Jaké byly první dny v novém domě?

7. Jaká je oblíbená část nového pokoje?

8. Co má tato osoba v plánu dělat zítra?

9. Jaký byl nejlepší první týden v novém domě?

10. Co všechno je v novém pokoji této osoby?

Domande di comprensione

1. Dove vive la persona?

2. Come si trova la persona nella nuova casa?

3. Qual è la parte preferita della nuova casa?

4. Che cosa ha trovato la persona nel giardino?

5. Chi sono i vicini?

6. Come sono stati i primi giorni nella nuova casa?

7. Qual è la parte preferita della nuova stanza?

8. Che cosa ha intenzione di fare domani?

9. Qual è stata la parte migliore della prima settimana nella nuova casa?

10. Che cosa c'è nella nuova stanza della persona?

Ve vlaku

Běžel jsem na nádraží, ale přišel jsem pozdě. Vlak už odjel beze mě. Cítila jsem se **naštvaná** a **zklamaná** sama sebou. Chtěla jsem jet vlakem za prarodiči, kteří žijí na venkově, ale teď budu muset čekat celou hodinu na další vlak. Rozhodla jsem se, že se místo toho budu chvíli procházet po městě, a snažila se zapomenout na promarněnou příležitost. Během chůze jsem začala **snít o** všech místech, kam vás **vlak** může dovézt. Najednou už jsem nebyl tak naštvaný. Zamířil jsem zpátky na nádraží a nemohl si nevšimnout velké červenobílomodré lokomotivy, která si to ke mně šinula. Teprve když vidím **průvodčího, jak** na mě mává z okna, uvědomím si, že tenhle vlak je pro mě. Nastoupím do vlaku, najdu si své místo a usadím se na místo, které slibuje dlouhou cestu.

Když vyjíždíme z nádraží, nemůžu si pomoct, ale přemýšlím, kam mě tenhle vlak zaveze. Přes zelená **pole** a modré řeky, kolem hor a údolí, nikdo neví, kam tenhle starý vlak pojede. Když se začne stmívat, upadám do **klidného** spánku, ukolébáván **rytmickým** pohybem vagónů na kolejích pod sebou. Když se ráno opět rozední, otevřu oči a zjistím, že jsme dorazili do malého městečka kdesi uprostřed ničeho. Slunce právě vykukuje nad obzor, když se na hlavní ulici začínají

Sul treno

Corsi alla stazione ferroviaria, ma ero troppo in ritardo. Il treno era già partito senza di me. Mi sentivo così **arrabbiata** e **delusa** con me stessa. Avevo intenzione di prendere il treno per andare a trovare i miei nonni che vivono in campagna, ma ora avrei dovuto aspettare un'ora intera per il treno successivo. Decisi invece di passeggiare un po' per la città, cercando di dimenticare l'occasione persa. Mentre camminavo, ho iniziato a **sognare a occhi aperti** tutti i luoghi in cui il **treno** può portarti. Improvvisamente, non ero più così arrabbiata. Rientro in stazione e non posso fare a meno di notare la grande locomotiva rossa, bianca e blu che si dirige verso di me. Solo quando vedo il **capotreno che** mi saluta dal finestrino capisco che quel treno è per me. Salgo sul treno e trovo il mio posto, sistemandomi per quello che si preannuncia un lungo viaggio.

Mentre usciamo dalla stazione, non posso fare a meno di chiedermi dove mi porterà questo treno. Attraverso **campi** verdi e fiumi blu, passando per montagne e valli, non si sa dove andrà questo vecchio treno. Quando inizia a calare la notte, mi addormento in un sonno **tranquillo**, cullato dal movimento **ritmico** dei vagoni sui binari sottostanti. Quando arriva il mattino, apro gli occhi e scopro che siamo arrivati in una piccola città

trousit místní obyvatelé; vypadá to tu jako každý jiný den až na jednu věc - u radnice je vyvěšena velká cedule s nápisem “Vítejte na palubě!”. Zdá se, že nás tohle městečko očekává, i když jsme jen obyčejný **osobní** vlak, který tudy projíždí na cestě jinam. Když necháváme město opět za sebou a řítíme se kdoví kam dál, usmívám se na všechny ty přátelské tváře, které nám mávají na rozloučenou z malých domků zasazených mezi **zemědělskou půdou -** je opravdu úžasné, jak něco tak zdánlivě obyčejného může přinést tolik radosti už jen tím, že tudy projíždíme. A pak jsou tu samozřejmě **děti**.

Vykláním se z okna lokomotivy. Vždycky mě potěší svýma zářícíma očima a širokým úsměvem. Energicky jsem jim zamával zpátky, než jsem se vrátil do své **kabiny** a posadil se. Už tak to byl dlouhý den, ale ještě není u konce; do našeho konečného **cíle zbývá** ještě několik hodin. Vytáhnu knihu a začnu si číst, nechám se ukolébat rytmickým houpáním vlaku. Každou chvíli se podívám na krajinu, která se míhá venku - nikdy mě neomrzí, ať ji vidím kolikrát chci. Nakonec se začne stmívat a v dálce se objeví **blikající** světla; už se blížíme.

nel bel mezzo del nulla. Il sole fa appena capolino all'orizzonte, mentre la gente del posto inizia a girare per la Main Street; sembra un giorno come un altro, tranne che per una cosa: c'è un grande cartello affisso vicino al municipio che recita "Benvenuti a bordo!". Sembra che questa piccola città ci stesse aspettando, anche se siamo solo un normale treno **passeggeri** di passaggio sulla nostra strada. Mentre ci lasciamo ancora una volta la città alle spalle, andando verso chissà dove, sorrido a tutte le facce amichevoli che ci salutano da quelle casette incastonate tra i **campi coltivati:** è davvero incredibile come qualcosa di così apparentemente ordinario possa portare tanta gioia semplicemente passando di lì. E poi, naturalmente, ci sono i **bambini**.

Mi affaccio al finestrino della mia locomotiva. Mi fanno sempre sentire così felice con i loro occhi lucidi e i loro grandi sorrisi. Li saluto energicamente prima di tornare nella mia **cabina** e sedermi. È stata già una lunga giornata, ma non è ancora finita; mancano ancora alcune ore per raggiungere la nostra **destinazione** finale. Tiro fuori il mio libro e inizio a leggere, lasciando che il dondolio ritmico del treno mi culli in uno stato di pace. Di tanto in tanto alzo lo sguardo verso il paesaggio che passa fuori: non diventa mai vecchio, anche se lo vedo tante volte. Alla fine inizia a calare la notte e le luci **scintillanti** cominciano ad apparire in lontananza; ci stiamo avvicinando.

Otázky s porozuměním

1. Kam jede vlak?

2. Kdo cestuje vlakem?

3. Kdy vlak odjíždí?

4. Jak se hlavní hrdina dostane do vlaku?

5. Odkud jede vlak?

6. Kam jede vlak příště?

7. Kdy cestující dorazili?

8. Jak se cítí hlavní hrdina, když mu ujede vlak?

9. Jak reaguje strojvedoucí, když spatří hlavního hrdinu?

10. Proč má hlavní hrdina rád vlaky?

Domande di comprensione

1. Dove va il treno?

2. Chi viaggia sul treno?

3. Quando parte il treno?

4. Come fa il protagonista a salire sul treno?

5. Da dove viene il treno?

6. Dove è diretto il treno?

7. Quando sono arrivati i passeggeri?

8. Come si sente il protagonista quando perde il treno?

9. Come reagisce il macchinista quando vede il protagonista?

10. Perché al protagonista piacciono i treni?

Vaření večeře

Je pět hodin odpoledne a já jdu z práce domů. **Těším se na** klidný večer doma s partnerem. Uvaříme si společně večeři a pak budeme po zbytek večera jen odpočívat. Je příjemné vědět, že dnes **večer** nemám žádné plány ani povinnosti. Přijdu domů a můj partner už je v kuchyni a začíná připravovat naši večeři. **Úžasně** to tu voní! Při vaření si povídáme, navzájem si vyprávíme o svých dnech a sdílíme drobné historky z pracovního života. Kuchyně je moje nejoblíbenější místnost v našem bytě. Ráda vařím a obzvlášť ráda vařím se svým partnerem. Vždycky se tu dobře bavíme, smějeme se a vtipkujeme, zatímco vaříme jako o život. Navíc když pracujeme **společně,** jídlo je vždycky **neuvěřitelné**.

Dnes večer připravujeme jeden z mých nejoblíbenějších receptů: **kuře na** parmazánu. Můj partner začne s obalováním kuřete, zatímco já na **plotně** vařím omáčku. Pracujeme společně jako dobře namazaný stroj a za chvíli je večeře připravená k podávání. Sedíme u našeho malého kuchyňského stolu s **talíři** plnými kuřecího parmezánu, těstovin a salátu. Cinkneme skleničkami a dáme si první sousto - a je to **božské**! Kuře je zvenku křupavé, ale uvnitř šťavnaté, omáčka je aromatická a dokonalá, těstoviny jsou uvařené al

Cucinare la cena

Sono le 17.00 e sto tornando a casa dal lavoro. Non vedo l'**ora** di passare una serata tranquilla a casa con il mio compagno. Cucineremo insieme la cena e poi ci rilasseremo per il resto della serata. È bello sapere che questa **sera non ho** programmi o obblighi. Arrivo a casa e il mio partner è già in cucina a preparare la cena. C'è un profumo **fantastico** qui dentro! Chiacchieriamo mentre cuciniamo, raccontandoci le nostre giornate e condividendo piccole storie della nostra vita lavorativa. La cucina è la mia stanza preferita del nostro appartamento. Adoro cucinare e soprattutto adoro farlo con il mio compagno. Ci divertiamo sempre molto qui dentro, ridendo e scherzando mentre cuciniamo. Inoltre, il cibo è sempre **incredibile** quando lavoriamo **insieme**.

Stasera prepariamo una delle mie ricette preferite di sempre: il **pollo** alla parmigiana. Il mio collega inizia a impanare il pollo, mentre io faccio cuocere la salsa sul **fuoco**. Lavoriamo insieme come una macchina ben oliata e in poco tempo la cena è pronta da servire. Ci sediamo al tavolo della nostra cucina con i **piatti** colmi di pollo alla parmigiana, pasta e insalata. Facciamo tintinnare i bicchieri e assaggiamo il primo boccone... ed è **paradisiaco**! Il pollo è croccante all'esterno ma succoso all'interno; il sugo è saporito e

dente... všechno dnes večer chutná naprosto dokonale. Oba víme, že tohle byl jeden z těch večerů, kdy se všechno dokonale spojilo a my **si vychutnáváme** každé sousto našeho lahodného jídla. Chutnalo to ještě lépe, než to vonělo - což bylo zatraceně dobré! Jídlo dojíme poměrně rychle, protože ani jeden z nás dnes nemá zvláštní hlad, ale nespěcháme a vychutnáváme si ještě několik **skleniček** vína, zatímco si lehce povídáme na to či ono téma. Po večeři společně rychle uklidíme a pak se přesuneme do obývacího pokoje, kde strávíme nějaký čas **mazlením se** na gauči při sledování televize.

Po dlouhém dni stráveném odděleně v **práci je** to tak příjemné být si nablízku. Cítím se spokojeně. I když jsme neměli žádný rušný večer, bylo příjemné strávit spolu nějaký čas, aniž bychom museli opustit dům. Podívali jsme se na film a šli brzy spát, protože jsme byli **spokojení s** naší jednoduchou nocí. Tohle se stalo jednou z našich **oblíbených činností pro** večery, kdy se nám nechce nikam chodit - prostě si odpočineme doma a užíváme si vzájemnou společnost u domácího jídla. Je vždycky příjemné vědět, že se sem můžeme po dlouhém dni vrátit a být sami sebou.

perfetto; la pasta è cotta al dente... tutto ha un sapore assolutamente perfetto stasera. Sappiamo entrambi che questa è stata una di quelle sere in cui tutto si è unito alla perfezione, mentre **assaporiamo** fino all'ultimo boccone il nostro delizioso pasto. Il sapore era persino migliore del profumo, che era dannatamente buono! Finiamo il pasto relativamente in fretta, visto che oggi nessuno dei due ha particolarmente fame, ma ci prendiamo tutto il tempo necessario per goderci qualche altro **bicchiere di** vino chiacchierando con leggerezza di questo e quell'argomento. Dopo cena, puliamo velocemente insieme e poi ci spostiamo in salotto, dove passiamo un po' di tempo **a coccolarci** sul divano guardando la TV.

È così bello stare vicini dopo una lunga giornata di **lavoro**. Mi sento soddisfatta. Anche se non abbiamo avuto una serata movimentata, è stato bello passare un po' di tempo insieme senza dover uscire di casa. Abbiamo guardato un film e siamo andati a letto presto, sentendoci **soddisfatti** della nostra semplice serata. Questa è diventata una delle cose che **preferiamo** fare nelle sere in cui non vogliamo uscire: rilassarci a casa e goderci la reciproca compagnia con un pasto fatto in casa. È sempre bello sapere che possiamo tornare qui dopo una lunga giornata ed essere semplicemente noi stessi.

Otázky s porozuměním

1. Odkud pochází vypravěč?

2. Co dělá vypravěč po práci?

3. Co vypravěč jí k večeři?

4. Proč má vypravěč rád kuchyni?

5. Jaký pokrm dvojice vaří?

6. Jak se vypravěč cítí na konci večera?

7. Co pár nejraději dělá?

8. Co dělají manželé, když jsou unavení?

9. Kde spí?

10. Proč vypravěč rád zůstává doma?

Domande di comprensione

1. Da dove viene il narratore?

2. Cosa fa il narratore dopo il lavoro?

3. Cosa mangia il narratore per cena?

4. Perché al narratore piace la cucina?

5. Che tipo di piatto cucina la coppia?

6. Come si sente il narratore alla fine della serata?

7. Qual è la cosa che la coppia preferisce fare?

8. Cosa fa la coppia quando è stanca?

9. Dove dormono?

10. Perché al narratore piace stare a casa?

Chůze domů

Když jsem šel z práce domů, byl **klidný** večer. Při chůzi jsem se nemohl ubránit úsměvu při vzpomínkách. Bylo příjemné být zpátky ve své staré čtvrti. Zamával jsem několika známým a oni mi zamávali zpátky. Bylo dobré být doma. Procházel jsem kolem své staré školy a **vzpomínal na** všechny ty hezké chvíle, které jsem prožil se svými přáteli. Vždycky jsme šli domů společně a povídali si o tom, co jsme prožili. **Někdy** jsme se zastavili na zmrzlinu nebo šli do parku. To byly ty nejlepší časy. Stýská se mi po nich. Ale teď mám vlastní rodinu a jsem se svým životem spokojená. Jsem ráda, že se na ty vzpomínky můžu podívat a usmívat se. Jsou součástí mého života, které si budu vždycky vážit. Byly to ty nejlepší časy. Chybí mi ty časy. Ale teď mám vlastní rodinu a jsem se svým životem spokojená. Jsem rád, že se na ty **vzpomínky** mohu ohlédnout a usmívat se. Jsou součástí mého života, které si budu vždy vážit.

Jdu dál a vzpomínám na hezké chvíle, které jsem prožil se svými přáteli. Vím, že je brzy zase uvidím. Mířím ke svému domovu a rozhodnu se projít nedalekým parkem. Slunce zapadá a obloha se zbarvuje do **krásné** oranžové barvy. Park je prázdný, až na pár ptáků, kteří cvrlikají na stromech. Zhluboka **se**

Camminare verso casa

Era una notte **tranquilla** mentre tornavo a casa dal lavoro. Mentre camminavo, non potevo fare a meno di sorridere ai ricordi. Era bello tornare nel mio vecchio quartiere. Salutai alcune persone che conoscevo e loro ricambiarono il saluto. Era bello essere a casa. Passai davanti alla mia vecchia scuola e **ricordai** tutti i bei momenti passati con i miei amici. Tornavamo sempre a casa insieme e parlavamo della nostra giornata. **A volte ci** fermavamo a prendere un gelato o andavamo al parco. Erano i momenti migliori. Mi mancano quei momenti. Ma ora ho la mia famiglia e sono felice della mia vita. Sono felice di poter guardare indietro a quei ricordi e sorridere. Sono una parte della mia vita che conserverò per sempre. Erano i tempi migliori. Mi mancano quei tempi. Ma ora ho la mia famiglia e sono felice della mia vita. Sono felice di poter guardare indietro a quei **ricordi** e sorridere. Sono una parte della mia vita che conserverò per sempre.

Continuo a camminare, pensando ai bei momenti passati con i miei amici. So che li rivedrò presto. Mi dirigo verso casa e decido di passeggiare in un parco lì vicino. Il sole sta tramontando e il cielo sta diventando di un **bel** colore arancione. Il parco è vuoto, a parte

nadechnu a usměju se. Když procházím parkem, vidím, jak se po obloze táhne padající hvězda. Něco si k té hvězdě přeji a pokračuji v chůzi. Přemýšlím o svém dni v práci a o tom, jak byl **klidný.** Usmívám se pro sebe a přemýšlím o tom, jaké mám štěstí, že mám tak skvělou práci. Jdu domů a na kůži **cítím** chladný noční vzduch. Cítím se tak živá a šťastná, užívám si prostý akt chůze domů v klidné noci.
Cítila jsem se tak dobře, že jsem **si** začala **pískat**. Prošel jsem kolem několika lidí na ulici, ale všichni si hleděli svého.

Zahnul jsem za roh do své ulice a uviděl sousedovic kocoura pana Fouska, jak sedí na verandě. Pozdravil jsem ho a on mi mňouknutí oplatil. **Odemkl** jsem dveře a vešel dovnitř. Byl jsem tak šťastný, že jsem doma. Zula jsem si boty a chystala se do postele. Tu noc jsem šla spát s pocitem štěstí a vděčnosti, se srdcem plným lásky. Celou noc jsem klidně spala a o nic se nestarala. Probudila jsem se z klidného spánku a **přivítalo mě** slunce, které svítilo oknem dovnitř. Vstal jsem z postele, protáhl se, zhluboka se nadechl a cítil, jak mi chladný vzduch plní plíce. Přešla jsem k oknu a vyhlédla ven, slyšela jsem cvrlikání ptáků a hru **veverek.** Usmála jsem se a šla se obléknout, cítila jsem se šťastná a spokojená.

qualche uccello che cinguetta tra gli alberi. Faccio un **respiro** profondo e sorrido. Mentre cammino nel parco, vedo una stella cadente che attraversa il cielo. Esprimo un desiderio su quella stella e continuo a camminare. Penso alla mia giornata di lavoro e a quanto sia stata **tranquilla**. Sorrido tra me e me, pensando a quanto sono fortunata ad avere un lavoro così bello. Cammino verso casa, **sentendo** l'aria fresca della notte sulla mia pelle. Mi sento così viva e felice, godendomi il semplice atto di tornare a casa in una notte tranquilla.
Mi sentivo così bene che iniziai a **fischiettare**. Passai accanto ad alcune persone per strada, ma tutte si facevano gli affari loro.

Svoltato l'angolo della mia strada, vidi il gatto del mio vicino, Mr. Whiskers, seduto sul mio portico. Lo salutai e lui ricambiò il miagolio. **Aprii la** porta ed entrai.
Ero così felice di essere a casa. Mi tolsi le scarpe e mi preparai per andare a letto. Quella sera andai a letto felice e grata, con il cuore pieno d'amore. Dormii profondamente per tutta la notte, senza preoccuparmi di nulla. Mi svegliai da un sonno ristoratore e fui **accolta** dal sole che entrava dalla finestra. Mi alzai dal letto e mi stiracchiai, facendo un respiro profondo e sentendo l'aria fresca riempirmi i polmoni. Mi avvicinai alla finestra e guardai fuori, sentendo gli uccelli cinguettare e gli **scoiattoli** giocare. Sorrisi e andai a vestirmi, sentendomi felice e soddisfatta.

Otázky s porozuměním

1. Co dělal hlavní hrdina na začátku příběhu?

2. Na co hlavní hrdina myslel, když šel domů?

3. Co dělal hlavní hrdina s přáteli po škole?

4. Co hlavnímu hrdinovi chybí z těch časů?

5. Co si hlavní hrdina myslí o svém současném životě?

6. Co udělá hlavní hrdina, když spatří padající hvězdu?

7. Jak se hlavní hrdina cítí, když jde domů?

8. Co udělá hlavní hrdina, když se vrátí domů?

9. Jak se hlavní hrdina cítí, když se druhý den ráno probudí?

10. Co dělá hlavní hrdina následující den?

Domande di comprensione

1. Cosa stava facendo il protagonista quando è iniziata la storia?

2. A cosa pensava il protagonista mentre tornava a casa?

3. Cosa faceva il protagonista con gli amici dopo la scuola?

4. Cosa manca al protagonista di quei tempi?

5. Cosa pensa il protagonista della sua vita attuale?

6. Cosa fa il protagonista quando vede una stella cadente?

7. Come si sente il protagonista quando torna a casa?

8. Cosa fa il protagonista quando torna a casa?

9. Come si sente il protagonista quando si sveglia la mattina dopo?

10. Cosa fa il protagonista il giorno dopo?

Hrad

Rodina si vždycky přála navštívit starý hrad v **Německu,** a tak se nakonec vydala na cestu. Nebyli **zklamaní**. Zámek byl krásný a rádi si prohlédli jeho četné místnosti a chodby. První, co je zarazilo, byla vůně. Našli **plíseň**, vlhkost a ještě něco, co nedokázali přesně pojmenovat. Druhou věcí byl zvuk. Kamenné zdi jsou sice silné, ale zvuk úplně neumlčí. Slyšeli každý krok, každé slovo pronesené normálním hlasem a občasné kapání vody **někde v** dálce. Když se jejich oči přizpůsobily tlumenému světlu, uviděli kolem sebe mohutné kamenné zdi, z nichž visely gobelíny v **roztrhaných** cárech. Stáli v obrovském sále s vysokým stropem podepřeným vyřezávanými sloupy. Líbil se jim také výhled z věžiček a děti se skvěle bavily běháním po areálu. Než skončili s prohlídkou hradu, začalo zapadat **slunce a** oni litovali, že si nevzali **baterku**. Rozhodly se, že se vrátí ke vchodu, ale brzy se ztratily. Bloudili snad celé hodiny, až nakonec narazili na dveře, které vedly ven. Pokračovali dál, až **došli na** konec chodby a narazili na impozantní dvojité dveře. Ať se snažili sebevíc, dveře se nechtěly pohnout. **Zlověstně** zarachotily, ale nepohnuly se ani o píď. Vypadalo to, že ať už tu byl předtím kdokoli, musel tudy projít a zamknout je zevnitř. Nakonec se jim podařilo najít cestu ven. Když vyšli na chladný noční vzduch, zaplavila je úleva.

Il castello

La famiglia aveva sempre desiderato visitare un antico castello in **Germania** e finalmente ha intrapreso il viaggio. Non sono rimasti **delusi**. Il castello era bellissimo e si sono divertiti a esplorare le sue stanze e i suoi corridoi. La prima cosa che li colpì fu l'odore. Trovarono **muffa**, umidità e qualcos'altro che non riuscirono a definire con precisione. La seconda cosa è stata il suono. I muri di pietra sono spessi, ma non attutiscono completamente il suono. Sentirono ogni passo, ogni parola pronunciata con voce normale e l'occasionale gocciolio dell'acqua **da qualche parte** in lontananza. Quando i loro occhi si adattarono alla luce fioca, videro le massicce mura di pietra che incombevano intorno a loro, con gli arazzi appesi a **brandelli**. Si trovavano in un'enorme sala con un alto soffitto sostenuto da pilastri scolpiti. Anche a loro piaceva molto la vista che si godeva dalle torrette e i bambini si divertivano un mondo a correre per il parco. Quando finirono di esplorare il castello, il **sole** era già tramontato e si pentirono di non aver portato una **torcia**. Decisero di tornare all'ingresso, ma si persero subito. Vagarono per ore e ore, finché alla fine trovarono una porta che conduceva all'esterno. Proseguirono fino **alla** fine del corridoio e si trovarono davanti a un'imponente serie di doppie porte. Per quanto potessero, le porte non si muovevano.

Slunce začalo zapadat a oni **litovali, že** si nevzali baterku. Rozhodli se vrátit ke vchodu, ale brzy zjistili, že se ztratili. Bloudili snad celé hodiny, až nakonec narazili na dveře, které vedly **ven**. Když vyšli na chladný noční vzduch, zaplavila je úleva. Dalšího večera si s sebou vzali baterku, aby prozkoumali zbytek hradu. Prošli **nádvořím a sešli** k řece, která tekla za hradbami. Jak se tak procházeli, začali slyšet podivné zvuky. Znělo to, jako by je někdo sledoval. Zrychlili krok, ale zvuky byly stále hlasitější a blíž. Rodina běžela zpátky k hradu, jak nejrychleji mohla, a s úlevou zjistila, že postava v **tmavém** plášti je nepronásleduje.

Scricchiolano **minacciosamente**, ma non si muovono di un millimetro. Sembrava che chiunque fosse stato qui prima dovesse essere passato di qui e averle chiuse dall'interno. Alla fine trovano una via d'uscita. Il sollievo li invade mentre escono nell'aria fresca della notte.

Il sole aveva iniziato a tramontare e si **pentirono di non aver** portato una torcia elettrica. Decisero di tornare all'ingresso, ma presto si persero. Vagarono per ore e ore, finché alla fine trovarono una porta che conduceva all'**esterno**. Il sollievo li colse quando uscirono nell'aria fresca della notte. La sera successiva si assicurarono di portare con sé una torcia per esplorare il resto del castello. Attraversarono il **cortile** e scesero fino al fiume che scorreva dietro le mura del **castello**. Mentre camminavano, cominciarono a sentire strani rumori. Sembrava che qualcuno li stesse seguendo. Accelerarono il passo, ma i rumori diventavano sempre più forti e vicini.

Otázky s porozuměním

1. Co udělala rodina, když se ztratila na hradě?

2. Jak se rodina cítila, když zjistila, že to byl jen místní muž?

3. Co udělal muž, kvůli kterému byl zatčen?

4. Jaký byl rozsudek pro tohoto muže?

5. Jaký hluk rodina slyšela na procházce?

6. Kde byla postava v tmavém plášti, když ji rodina spatřila?

7. Co dělala rodina, když se vrátila do svého pokoje?

8. Kdy se rodina znovu vydala na prohlídku hradu?

9. Na co rodina nemohla přijít?

10. Co dělala rodina předtím, než se znovu vydala na průzkum hradu?

Domande di comprensione

1. Cosa fece la famiglia quando si perse nel castello?

2. Come si è sentita la famiglia quando ha scoperto che si trattava solo di un uomo del posto?

3. Che cosa ha fatto l'uomo che lo ha fatto arrestare?

4. Qual è stata la sentenza per l'uomo?

5. Quale rumore ha sentito la famiglia mentre camminava?

6. Dov'era la figura con il mantello scuro quando la famiglia lo vide?

7. Che cosa ha fatto la famiglia quando è tornata nella sua stanza?

8. Quando la famiglia è tornata a esplorare il castello?

9. Qual era la cosa che la famiglia non riusciva a capire?

10. Cosa fece la famiglia prima di tornare a esplorare il castello?

Moje zahrada

Moje zahrada je mým šťastným místem. Chodím tam každý den, ať prší nebo svítí slunce, a trávím čas péčí o své rostliny. Mám tam od **všeho trochu - zeleninu,** ovoce, květiny, bylinky. Dokonce mám i několik slepic, které mi pomáhají držet škůdce na uzdě. Své dny na zahradě začínám sbíráním vajec od slepic. Pak zkontroluji zeleninu a ujistím se, že má dostatek vody a slunce. Vypleju záhony a vybírám brouky, kteří by mohli rostliny **napadnout.** Jakmile je o **vše postaráno,** sednu si a užívám si klidu a ticha přírody.

Vždycky jsem ráda trávila čas na zahradě. Je to něco, co mě obklopuje, když jsem obklopena přírodou a všemi jejími **krásami.** Považuji ji za velmi klidné a uklidňující místo. Často trávím čas na zahradě, jen tak odpočívám a kochám se krajinou. Ráda také pracuji na zahradě a něco na ní pěstuju. Mám docela velkou zahradu a ráda na ní pěstuju **různé** věci. Pěstuji květiny, **zeleninu** a bylinky. Mám také několik ovocných stromů, které plodí výborná jablka, hrušky a švestky. Kromě pěstování mě také baví trávit čas procházkami po zahradě a **obdivovat** všechny ty různé rostliny a zvířata, která jsou na ní doma. V průběhu let jsem strávil mnoho hodin prací na tom, aby se moje **zahrada** stala místem, které je nejen krásné, ale také funkční.

Il mio giardino

Il mio giardino è il mio luogo felice. Esco ogni giorno, con la pioggia o con il sole, e passo il tempo a curare le mie piante. Ho un po' di **tutto: verdure**, frutta, fiori, erbe aromatiche. Ho anche alcune galline che mi aiutano a tenere lontani i parassiti. Inizio le mie giornate in giardino raccogliendo le uova dalle galline. Poi controllo le verdure, assicurandomi che ricevano acqua e sole a sufficienza. Diserbo le aiuole e rimuovo gli insetti che potrebbero **attaccare** le piante. Una volta sistemato **tutto**, mi siedo e mi godo la pace e la tranquillità della natura.

Ho sempre amato trascorrere del tempo nel mio giardino. C'è qualcosa nell'essere circondati dalla natura e da tutta la **bellezza che** ha da offrire. Trovo che sia un luogo molto tranquillo e rilassante. Spesso trascorro il tempo nel mio giardino rilassandomi e godendomi il paesaggio. Mi piace anche lavorare nel mio giardino e coltivare. Ho un giardino di buone dimensioni e mi piace coltivare **diverse** cose. Coltivo fiori, **verdure** ed erbe aromatiche. Ho anche alcuni alberi da frutto che producono mele, pere e prugne deliziose. Oltre a coltivare, mi piace anche passare il tempo passeggiando nel mio giardino, **ammirando** tutte le piante e gli animali che lo abitano. Negli anni

Ráda pozoruji poletující ptáky a poslouchám jejich zpěv. Někdy si dokonce vytáhnu knihu a čtu si na zahradě, zatímco jsem obklopena vší tou krásou, kterou jsem vytvořila. **Zahradničení** je moje vášeň a přináší mi tolik radosti. Každý den na mé zahradě je dobrý den.

Jednou z věcí, které ráda dělám, je vaření, takže dobře zásobená bylinková zahrádka je pro mě velmi **důležitá.** Tymián, bazalka, oregano, rozmarýn, šalvěj a levandule jsou jen některé z bylinek, které ráda pěstuju na zahradě, abych je mohla používat při přípravě jídel pro sebe nebo pro **hosty**. Další věc, která je pro mě v zahradě důležitá, je zajistit, aby byla zahrada pestrá. Abych tohoto cíle dosáhla, pěstuju nejrůznější květiny, včetně **růží**, lilií, sedmikrásek, tulipánů, impatiens, měsíčků atd. Kromě toho, že květy dodávají zahradě barvy, ráda jí také dodávám zajímavost použitím různých **textur.** Mohu například vysadit kapradiny pod vzrostlé slunečnice nebo hosty **vedle** ostnatých okrasných trav. Ať už se v životě děje cokoli, práce na zahradě mi vždy pomůže cítit se více spojená s přírodou a v klidu sama se sebou.

ho trascorso molte ore a lavorare per rendere il mio **giardino** un luogo non solo bello ma anche funzionale. Mi piace osservare gli uccelli che svolazzano in giro e ascoltarli cantare. A volte tiro fuori un libro e leggo in giardino, circondata da tutta la bellezza che ho creato. Il **giardinaggio** è la mia passione e mi porta tanta gioia. Ogni giorno nel mio giardino è un buon giorno.

Una delle cose che amo fare è cucinare, quindi avere un giardino di erbe aromatiche ben fornito è molto **importante** per me. Timo, basilico, origano, rosmarino, salvia e lavanda sono solo alcune delle erbe che mi piace coltivare nel mio giardino per poterle usare quando cucino per me o per gli **ospiti**. Un'altra cosa importante per me quando si tratta del mio giardino è assicurarmi che ci sia molto colore in tutto il giardino. Per raggiungere questo obiettivo, coltivo una grande varietà di fiori, tra cui **rose**, gigli, margherite, tulipani, impatiens, calendule, ecc. Oltre ad aggiungere colore con i fiori, mi piace anche aggiungere interesse utilizzando diverse **texture** in tutto il giardino. Per esempio, potrei piantare felci sotto imponenti girasoli o hosta **accanto a** spigolose erbe ornamentali. Indipendentemente da ciò che accade nella vita, lavorare nel mio giardino **riesce** sempre a farmi sentire più connessa con la natura e in pace con me stessa.

Otázky s porozuměním

1. Kde se nachází autorova zahrada?

2. Kolik kuřat má autor?

3. Co dělá autor na zahradě každý den?

4. Proč se autorovi líbí zahrada?

5. Jaké byliny autorka na zahradě pěstuje?

6. Proč je pro autora důležité, že je v jeho zahradě mnoho barev?

7. Jak autor zpestřuje svou zahradu?

8. Jak se autor cítí, když pracuje na své zahradě?

9. Co způsobuje, že se autor cítí propojen, když je na své zahradě?

10. Proč je každý den v autorově zahradě dobrým dnem?

Domande di comprensione

1. Dove si trova il giardino dell'autore?

2. Quanti polli ha l'autore?

3. Che cosa fa l'autore in giardino ogni giorno?

4. Perché all'autore piace il giardino?

5. Quali sono le erbe che l'autore pianta nel giardino?

6. Perché è importante per l'autore che ci siano molti colori nel suo giardino?

7. Come fa l'autore a dare varietà al suo giardino?

8. Come si sente l'autore quando lavora nel suo giardino?

9. Cosa fa sentire l'autore in sintonia quando è nel suo giardino?

10. Perché ogni giorno nel giardino dell'autore è un buon giorno?

Nakupování

Ráda chodím **nakupovat do** obchodního centra. Je to vždycky taková zábava procházet se a prohlížet si různé obchody. V obchodním centru si každý najde něco pro sebe a vždycky se tam dají najít výhodné nabídky oblečení, bot a doplňků. **Obvykle** začínám nákupní cestu tím, že projdu hlavním **vchodem do** nákupního centra. Odtud zamířím nejprve do svých oblíbených obchodů. Po prohlédnutí těchto obchodů se projdu po okolí a zjistím, zda na jiných místech neprobíhají nějaké výprodeje. Obvykle nakonec strávím v nákupním centru několik hodin, než konečně nakoupím. Při nakupování si vždycky ráda dávám na čas, **protože si** chci být jistá, že si koupím **přesně** to, co chci. Navíc je to tak prostě větší zábava!

Vždycky mě **fascinuje** pozorovat lidi, když jsem v nákupním centru. Podle toho, jak člověk nakupuje, se toho o něm dá hodně poznat. Někteří lidé jsou velmi metodičtí a nikam nespěchají, zatímco jiní jako by jen popadli, **co se** dá, a co nejrychleji zamířili k pokladně. Jsou i tací nakupující, kteří se zdají být více zaujati telefonováním nebo psaním SMS zpráv než skutečným prohlížením zboží! Bez ohledu na to, jaký typ nakupujícího jste, se zdá, že si každý užívá nakupování ve výloze - i když si vlastně nic nekoupí. Je prostě něco,

Fare shopping

Mi piace andare **a fare shopping al** centro commerciale. È sempre molto divertente passeggiare e guardare tutti i diversi negozi. Al centro commerciale ce n'è per tutti i gusti ed è sempre un ottimo posto per trovare offerte su vestiti, scarpe e accessori. **Di solito** inizio il mio shopping attraversando l'**ingresso** principale del centro commerciale. Da lì, mi dirigo prima verso i miei negozi preferiti. Dopo aver dato un'occhiata a quei negozi, vado in giro a vedere se ci sono saldi in corso in altri posti. Di solito trascorro un paio d'ore nel centro commerciale prima di fare i miei acquisti. Mi piace sempre prendermi il tempo necessario per fare shopping**, perché** voglio essere sicura di acquistare **esattamente** ciò che voglio. In più, così è più divertente!

Trovo sempre molto **affascinante** osservare le persone mentre sono al centro commerciale. Si può capire molto di una persona dal modo in cui fa acquisti. Alcune persone sono molto metodiche e si prendono il loro tempo, mentre altre sembrano prendere **tutto quello che** possono e dirigersi alla cassa il più velocemente possibile. Ci sono anche quelli che sembrano più interessati a parlare al cellulare o a mandare messaggi piuttosto che guardare la merce! A prescindere dal tipo

co mi dělá radost, když se dívám na všechny ty krásné věci ve **výlohách.** Někdy si představuji, jaké by to bylo, kdybych si mohla dovolit **všechno, co** vidím! Celkově je den strávený nakupováním v obchodním centru jednou z mých nejoblíbenějších zábav. Je to skvělý způsob, jak si odpočinout a uvolnit se, a zároveň si trochu zacvičit (pokud se dostatečně projdete). Navíc je **vždycky** příjemné si čas od času dopřát nové tričko nebo boty!

Měla jsem za sebou **dlouhý** den v práci a konečně jsem měla trochu času pro sebe, tak jsem se rozhodla jít nakupovat do obchoďáku. Potřebovala jsem nějaké nové oblečení na **nadcházející** sezónu. Jakmile jsem vešla dovnitř, uviděla jsem všechna ta jasná světla a nablýskané výlohy. Nejdřív jsem zamířila do svého oblíbeného obchodu a začala si prohlížet regály. Našla jsem si několik hezkých topů a vyzkoušela si je v šatně. Když jsem se na sebe dívala do zrcadla, uslyšela jsem, jak někdo přichází do vedlejší šatny. V hlase jsem poznala jednoho ze svých kolegů. Pozdravily jsme se a začaly si povídat o práci. Po několika minutách jsme oba skončili a šli **každý svou** cestou, ale později jsme na sebe znovu narazili. Pokračovali jsme v rozhovoru a zjistili, že máme společného víc, než jsme si mysleli.

di acquirente, però, sembra che a tutti piaccia guardare le vetrine, anche se non si compra nulla. C'è qualcosa che mi rende felice nel guardare tutte le belle cose nelle **vetrine** dei negozi. A volte fantastico su come sarebbe se potessi permettermi **tutto quello che** vedo! Tutto sommato, trascorrere una giornata di shopping al centro commerciale è uno dei miei passatempi preferiti. È un ottimo modo per rilassarsi e distendersi, facendo anche un po' di esercizio fisico (se si cammina abbastanza). Inoltre, è **sempre** bello concedersi una camicia o un paio di scarpe nuove ogni tanto!

Ho avuto una **lunga** giornata di lavoro e finalmente avevo un po' di tempo per me, così ho deciso di andare a fare shopping al centro commerciale. Mi servivano dei vestiti nuovi per la **prossima** stagione. Appena sono entrata, ho visto tutte le luci e le vetrine scintillanti. Mi sono diretta prima al mio negozio preferito e ho iniziato a sfogliare gli scaffali. Ho trovato alcuni top carini e li ho provati nel camerino. Mentre mi guardavo allo specchio, sentii qualcuno entrare nel **camerino** accanto al mio. Ho riconosciuto la sua voce come quella di una mia collega. Ci siamo salutati e abbiamo iniziato a chiacchierare di lavoro. Dopo qualche minuto, entrambi abbiamo finito e siamo andati per la **nostra** strada, ma ci siamo incontrati di nuovo più tardi. Abbiamo continuato a chiacchierare e ci siamo resi conto di avere in comune più di quanto pensassimo.

Otázky s porozuměním

1. Kde skladujete nejraději?

2. Jaký je váš oblíbený obchod v nákupním centru?

3. Jak dlouho se obvykle zdržujete v nákupním centru?

4. Co si myslíte o lidech, kteří tráví hodně času v nákupním centru?

5. Co nejraději děláte v nákupním centru?

6. Koupili jste si někdy v obchodě něco, co jste ve skutečnosti nepotřebovali?

7. Jak reagujete, když v obchodním centru vidíte něco, co by se vám opravdu líbilo, ale je to příliš drahé?

8. Viděli jste někdy něco v obchodním centru a přemýšleli jste, kdo by si to koupil?

9. Jaký je váš názor na lidi, kteří se v obchodním centru věnují mobilním telefonům, místo aby si prohlíželi obchody?

10. Myslíte si, že nákupní centrum je dobrým místem pro setkání s přáteli?

Domande di comprensione

1. Dove vi piace di più conservare?

2. Qual è il vostro negozio preferito nel centro commerciale?

3. Quanto tempo si ferma di solito al centro commerciale?

4. Cosa pensa delle persone che trascorrono molto tempo al centro commerciale?

5. Qual è la cosa che preferite fare al centro commerciale?

6. Avete mai comprato qualcosa al centro commerciale quando non ne avevate davvero bisogno?

7. Come reagite quando al centro commerciale vedete qualcosa che vi piacerebbe molto, ma che costa troppo?

8. Avete mai visto qualcosa al centro commerciale e vi siete chiesti chi lo avrebbe comprato?

9. Qual è la sua opinione sulle persone che al centro commerciale sono impegnate con il cellulare invece di guardare i negozi?

10. Pensi che il centro commerciale sia un buon posto per incontrarsi con gli amici?

Na trhu

V sobotu ráno vstávám brzy a chci se dostat na **trh** dřív, než tam bude příliš mnoho lidí. Hodím na sebe nějaké oblečení a vyrazím ze dveří, cestou si vezmu tašky na opakované použití. Během chůze začínám plánovat, co chci na příští týden uvařit. Vím, že chci alespoň jednou **upéct** zeleninu, takže budu muset koupit nějakou kvalitní zeleninu. Chci také uvařit polévku nebo guláš, takže budu muset sehnat i nějaké maso. Musím se podívat, co vypadá dobře, až tam dorazím. Trh je jen pár bloků odtud a já už vidím rozestavěné stánky a **lidi, kteří** se tam mísí.

Přijdu na trh a zamířím rovnou ke stánku se zeleninou. Výběr je nádherný a já si plním tašky nejrůznějšími **čerstvými** produkty. Chvíli si povídám s farmářem a on mi doporučí několik receptů. Těším se, až je vyzkouším. Během nakupování si povídám s **farmáři a poznávám** je i jejich produkty. Když mám všechnu zeleninu, kterou potřebuji, přecházím do oddělení masa. Tady jsem trochu váhavější, protože si nejsem jistá, co chci koupit. Nakonec se rozhodnu pro kuřecí maso, protože je univerzální a dá se použít do různých pokrmů. Kupuji také několik různých kusů masa, přičemž dbám na to, aby bylo hovězí maso krmené trávou a **kuřecí maso z** volného chovu. Řezník byl přátelský muž, vždy veselý,

Al mercato

Mi sveglio presto il sabato mattina, desiderosa di andare al **mercato** prima che sia troppo affollato. Mi infilo i vestiti e mi avvio verso la porta, prendendo le mie borse riutilizzabili. Mentre cammino, inizio a pianificare quello che voglio fare per la settimana a venire. So che voglio **arrostire le** verdure almeno una volta, quindi dovrò comprare delle verdure di buona qualità. Voglio anche fare una zuppa o uno stufato, quindi dovrò comprare anche della carne. Dovrò vedere cosa c'è di buono quando arriverò lì. Il mercato è a pochi isolati di distanza e vedo già le bancarelle allestite e la **gente** che vi si aggira.

Arrivo al mercato e mi dirigo subito verso il banco delle verdure. La scelta è bellissima e riempio le mie borse con una grande varietà di prodotti **freschi**. Parlo un po' con il contadino e mi consiglia alcune ricette. Non vedo l'ora di provarle. Mentre faccio la spesa, chiacchiero con i **contadini** per conoscere meglio loro e i loro prodotti. Dopo aver preso tutte le verdure che mi servono, passo al reparto carne. Qui sono un po' più titubante, perché non sono sicuro di quello che voglio prendere. Alla fine scelgo il pollo, perché è versatile e può essere utilizzato in diversi piatti. Compro anche alcuni tagli di carne diversi, assicurandomi di prendere

přestože pracoval dlouho. Zabalil mi kuřecí prsa a steak a pak si se mnou povídal o svých víkendových plánech. Rozloučil jsem se s ním a pokračoval v cestě. V mléčném oddělení jsem si ještě vzal vajíčka a sýr.

Na trhu se to hemžilo lidmi, kteří se nemohli **dočkat**, až si budou moci koupit čerstvé produkty a maso, které se zde nabízely. Vzduch byl prosycen vůní česneku a cibule, ozýval se smích a konverzace. Prodíral jsem se davem a vybíral další zboží, které jsem potřeboval na týdenní nákup. Než jsem zamířila k pokladně, naplnila jsem **košík** ovocem a zeleninou, těstovinami a chlebem. Fronta byla dlouhá, ale šla rychle. Nakonec jsem nakoupila poslední **potraviny** a byl čas jít domů. Auto bylo naložené a cesta domů byla dlouhá a únavná. Provoz byl hustý a horko úmorné. Konečně auto vjelo na příjezdovou cestu a úleva byla přímo hmatatelná. V domě byl chládek a klid a po **shonu na** trhu to bylo útočiště. Všechno bylo uklizeno a v domě byl brzy zase obvyklý klid a ticho. Měla jsem vše, co jsem potřebovala, abych mohla připravit **chutné** jídlo pro sebe i pro svou rodinu. Bylo dobré být doma.

carne di manzo nutrita con erba e **pollo** allevato all'aperto. Il macellaio era un uomo cordiale, sempre allegro nonostante le lunghe ore di lavoro. Mi ha incartato i petti di pollo e la bistecca prima di parlarmi dei suoi programmi per il fine settimana. Lo salutai e proseguii per la mia strada. Ho preso anche delle uova e del formaggio dal reparto latticini.

Il mercato era pieno di gente, tutti desiderosi di mettere le **mani sui** prodotti freschi e sulla carne che venivano offerti. Nell'aria si sentiva l'odore dell'aglio e delle cipolle, e il suono delle risate e delle conversazioni riempiva l'aria. Mi feci strada tra la folla, scegliendo gli altri articoli necessari per la mia spesa settimanale. Riempii il mio **cestino** di frutta e verdura, pasta e pane, prima di dirigermi alla cassa. La fila era lunga, ma si snodava rapidamente. Finalmente gli ultimi acquisti furono fatti ed era ora di tornare a casa. L'auto fu caricata e il viaggio verso casa fu lungo e noioso. Il traffico era intenso e il caldo opprimente. Alla fine l'auto entrò nel vialetto e il sollievo fu palpabile. La casa era fresca e silenziosa ed era un rifugio dopo il **trambusto** del mercato. Tutto fu messo a posto e la casa tornò presto alla sua solita pace e tranquillità. Avevo tutto il necessario per preparare dei piatti **deliziosi** per me e per la mia famiglia. Era bello essere a casa.

Otázky s porozuměním

1. Kam se osoba chystá?

2. Co si chce dotyčný koupit?

3. Kolik tašek má daná osoba?

4. Jak daleko je trh?

5. Co tato osoba právě dělá?

6. Co všechno je na trhu?

7. Kolik lidí je na trhu?

8. Jak dlouho trvalo, než si člověk všechno koupil?

9. Jak se osoba vrátila domů?

10. Co dělal, když se vrátil domů?

Domande di comprensione

1. Dove sta andando la persona?

2. Cosa vuole comprare la persona?

3. Quante borse ha la persona?

4. Quanto è lontano il mercato?

5. Cosa sta facendo la persona in questo momento?

6. Che cos'è il mercato?

7. Quante persone ci sono nel mercato?

8. Quanto tempo ha impiegato la persona a comprare tutto?

9. Come è tornata a casa la persona?

10. Cosa ha fatto la persona quando è tornata a casa?

V kavárně

Bylo sychravé **podzimní** ráno a já jsem si domluvila schůzku s kamarádkou Lily v naší oblíbené kavárně na kávu. Zabalila jsem se do teplého kabátu a šály a vyrazila. Ze stromů padalo listí a vzduch byl štiplavý, ale svítilo slunce a slibovalo krásný den. Během chůze jsem **přemýšlela** o tom, jak je dobré mít kamarádku, jako je Lily. Přátelily jsme se už léta, od té doby, co jsme se potkaly na **univerzitě**. Spojovala nás láska ke kávě a trávení času povídáním v kavárnách. I když jsme teď bydlely každá v jiné části města, stále jsme se jednou týdně scházely na kávu. Přišla jsem do kavárny a Lily už tam na mě čekala. Objaly jsme se na pozdrav a pak si objednaly kávu. Našly jsme si stůl u okna a usadily se, abychom si povídaly. **Káva** byla jako vždy výborná a bylo příjemné si s Lily popovídat. Povídaly jsme si o našem týdnu, o naší práci a o našich plánech do budoucna. S Lily se mi vždycky mluvilo tak snadno a měla jsem pocit, že jí můžu říct cokoli. Po chvíli jsme začaly mít hlad a **rozhodly jsme se** objednat si nějaké jídlo.

Objednali jsme si jídlo a našli si místo u okna. Oknem svítilo slunce a vše bylo teplé a veselé. Při jídle jsme si povídali a užívali si prosté potěšení ze vzájemné **společnosti**. V kavárně bylo rušno, ale nepřipadalo mi,

In un caffè

Era una fredda mattina **d'autunno** e avevo fissato un appuntamento con la mia amica Lily al nostro bar preferito per un caffè. Mi avvolsi al caldo nel cappotto e nella sciarpa e mi avviai. Le foglie cadevano dagli alberi e l'aria era pungente, ma il sole splendeva e prometteva di essere una bella giornata. Mentre camminavo, **pensavo** a quanto fosse bello avere un'amica come Lily. Eravamo amiche da anni, da quando ci eravamo conosciute all'**università**. Avevamo legato per il nostro amore per il caffè e per il tempo trascorso a chiacchierare nei bar. Anche se ora vivevamo in zone diverse della città, riuscivamo comunque a vederci per un caffè una volta alla settimana. Arrivai al caffè e Lily era già lì ad aspettarmi. Ci salutammo con un abbraccio e poi ordinammo i nostri caffè. Trovammo un tavolo vicino alla finestra e ci sedemmo a chiacchierare. Il **caffè** era delizioso, come sempre, ed è stato così bello recuperare il tempo perduto con Lily. Parlammo della nostra settimana, dei nostri lavori e dei nostri progetti per il futuro. Era sempre così facile parlare con Lily e mi sembrava di poterle dire tutto. Dopo un po' cominciammo ad avere fame e **decidemmo** di ordinare qualcosa da mangiare.

Ordinammo il cibo e trovammo posto vicino alla

že by tam bylo přeplněno. Ve vzduchu byl cítit klid a spokojenost. Když jsme dojedli, ještě chvíli jsme seděli a užívali si klidnou **atmosféru**. Chvíli jsme si povídali o různých věcech, které se nám v životě přihodily. Bylo příjemné si s kamarádkou popovídat a **odpočinout si**. Oknem svítilo slunce a zdálo se, že náš dokonalý den **nemůže nic** zkazit.

Najednou jsem uslyšel hlasitou ránu. Otočil jsem se a uviděl, že stropem propadl nějaký muž a leží před námi na podlaze. Byl **pokrytý** prachem a troskami a vypadal, že je v bezvědomí. Oba jsme s kamarádem byli v šoku, když jsme zírali na muže ležícího na podlaze. Nevěděli jsme, co máme dělat nebo koho zavolat o pomoc. Jen jsme tam tak seděli, zírali na něj a nevěděli, co dělat. Po několika minutách jsem se vzpamatovala a zavolala na tísňovou linku. Operátorka mi řekla, že tam brzy někdo bude. Položila jsem telefon a řekla kamarádce, co jí **operátorka** řekla. Oba jsme tam seděli a čekali na pomoc. Připadalo mi to jako věčnost, ale nakonec **se objevila** sanitka. Záchranáři přispěchali a začali muže ošetřovat. Rychle zjistili, že je zraněný a musí být převezen do **nemocnice**.

finestra. Il sole entrava dalla finestra, rendendo tutto più caldo e felice. Chiacchierammo mentre mangiavamo, godendoci il semplice piacere di stare in **compagnia**. Il caffè era affollato, ma non sembrava affollato. C'era una sensazione di pace e soddisfazione nell'aria. Finito il cibo, ci sedemmo ancora per un po', godendoci l'**atmosfera** tranquilla. Abbiamo parlato per un po' di cose diverse che stavano accadendo nelle nostre vite. È stato così bello recuperare il tempo perduto con la mia amica e **rilassarsi**. Il sole splendeva attraverso la finestra e sembrava che **nulla** potesse rovinare la nostra giornata perfetta.

All'improvviso sentii un forte schianto. Mi girai e vidi che un uomo era caduto dal soffitto e giaceva sul pavimento di fronte a noi. Era **coperto** di polvere e detriti e sembrava privo di sensi. Io e il mio amico eravamo entrambi sotto shock mentre fissavamo l'uomo steso sul pavimento. Non sapevamo cosa fare o chi chiamare aiuto. Rimanemmo lì a fissarlo, senza sapere cosa fare. Dopo qualche minuto mi sono ripreso e ho chiamato il 911. L'operatore mi disse che qualcuno sarebbe arrivato presto. Riattaccai il telefono e raccontai al mio amico quello che mi aveva detto l'**operatore**. Rimanemmo entrambe sedute ad aspettare l'arrivo dei soccorsi. Sembrava un'eternità, ma alla fine **arrivò** un'ambulanza. I paramedici si precipitarono e iniziarono a lavorare sull'uomo. Hanno subito stabilito che era ferito e che doveva essere portato in **ospedale**.

Otázky s porozuměním

1. Odkud se vzal muž, který propadl střechou?

2. Proč je žena se svým přítelem v kavárně?

3. Jaká je oblíbená kavárna obou přátel?

4. Jak dlouho se oba přátelé znají?

5. Jaký je oblíbený nápoj obou přátel?

6. Ve kterém městě žijí tito dva přátelé?

7. Jak často se tito dva přátelé setkávají?

8. O čem si oba přátelé povídají, když se poprvé setkají ve své oblíbené kavárně?

9. Jaké je oblíbené jídlo obou přátel?

10. Proč je tak snadné mluvit s Lily?

Domande di comprensione

1. Da dove viene l'uomo che cade dal tetto?

2. Perché la donna è con la sua amica nel caffè?

3. Qual è il caffè preferito dai due amici?

4. Da quanto tempo i due amici si conoscono?

5. Qual è la bevanda preferita dai due amici?

6. In quale città vivono i due amici?

7. Quanto spesso si incontrano i due amici?

8. Di cosa parlano i due amici quando si incontrano per la prima volta nel loro caffè preferito?

9. Qual è il cibo preferito dai due amici?

10. Perché è così facile parlare con Lily?

Plavání

Bazén byl vždy **osvěžujícím** místem a dnes tomu nebylo jinak. Sluníčko svítilo a voda vypadala lákavě. Zhluboka jsem se nadechla, ponořila se a ucítila chladivou náruč vody. Chvíli jsem plavala kolečka, užívala si pohybu a možnosti vyčistit si hlavu. Po chvíli jsem vylezla, osušila se a posadila se na ručník, abych si odpočinula na slunci. Zavřela jsem oči, nechala se unášet **teplem a** cítila, jak se mi uvolňují svaly. Najednou jsem uslyšela šplouchnutí a otevřela oči, abych viděla svou malou sestru, jak **pádluje na** mělčině. Usmála jsem se a chvíli ji pozorovala, pak jsem vstala a šla k ní. Chvíli jsme si povídaly, pádlovaly jsme spolu a užívaly si vzájemné společnosti. Brzy se k nám přidali rodiče a zbytek odpoledne jsme strávili společným plaváním a hraním her. Bylo vždycky moc příjemné trávit čas s rodinou u bazénu. Zdá se, že pobyt ve vodě lidi sbližuje. Možná je to tím, že když jsme ve vodě, jsme si všichni rovni - nemůžeme skrývat své nedostatky nebo předstírat, že jsme něco jiného. Nebo je to prostě proto, že je to zábava! **Ať už je** důvod **jakýkoli**, byla jsem prostě ráda, že jsme se mohli všichni sejít a užít si vzájemnou společnost na tak výjimečném místě.

Slunce mi pražilo do kůže a ve vzduchu byl cítit

Andare a nuotare

La piscina era sempre un luogo **rinfrescante** e oggi non era diverso. Il sole splendeva e l'acqua sembrava invitante. Feci un respiro profondo e mi tuffai, sentendo il fresco abbraccio dell'acqua. Nuotai per un po', godendomi l'esercizio e la possibilità di schiarirmi le idee. Dopo un po' uscii e mi asciugai, poi mi sedetti su un asciugamano per rilassarmi al sole. Chiusi gli occhi e lasciai che il **calore** mi avvolgesse, sentendo i miei muscoli iniziare a rilassarsi. All'improvviso sentii uno spruzzo e aprii gli occhi per vedere la mia sorellina **che sguazzava** nel basso fondale. Sorrisi e la osservai per un po', poi mi alzai e mi avvicinai a lei. Chiacchierammo per un po' e pagaiarono insieme, godendo della reciproca compagnia. Presto i nostri genitori ci raggiunsero e passammo il resto del pomeriggio nuotando e giocando insieme. Era sempre così bello passare del tempo con la famiglia in piscina. C'è **qualcosa** nello stare in acqua che sembra unire le persone. Forse perché quando siamo in acqua siamo tutti uguali, non possiamo nascondere i nostri difetti o fingere di essere ciò che non siamo. O forse è solo perché è divertente! **Qualunque sia** la ragione, mi ha fatto piacere che ci siamo riuniti tutti insieme e che ci siamo goduti la reciproca compagnia in un luogo così speciale.

chlor. Slyšela jsem zvuky dětského smíchu a cákání v bazénu. Ležela jsem na lehátku vedle bazénu, opalovala se a **užívala si** den. Měla jsem zavřené oči a právě jsem se chystala usnout, když jsem uslyšela, jak ke mně někdo přichází. Otevřel jsem oči a uviděl vedle sebe stát ženu. Měla na sobě bikiny a kolem pasu omotaný ručník. Měla dlouhé blond vlasy a modré oči. V ruce držela lahvičku s **opalovacím krémem.** "Nevadilo by ti, kdybych ti namazala záda opalovacím krémem?" zeptala se mě. "Ne, to je v pořádku," řekl jsem a posadil se, aby mi dosáhla na záda. Cítil jsem její ruce na své kůži, když mi nanášela opalovací krém.

Její dotek byl jemný a vůně opalovacího krému uklidňující. Znovu jsem zavřel oči a nechal se uvolnit. Slyšel jsem, **jak** se pohybuje, ale oči jsem neotevřel. Spokojeně jsem ležel na slunci a poslouchal zvuk vln **narážejících** na břeh. Po několika minutách odešla a já otevřel oči. Sledoval jsem ji, jak se vrací ke svému lehátku a bere si knihu. Usadila se do křesla a začala si číst. Znovu jsem zavřel oči a nechal se unášet spánkem. **Zdálo se** mi**,** že plavu v bazénu a dělám kolečka sem a tam. Voda byla osvěžující a chladila mě na kůži.

Il sole batteva sulla mia pelle e l'odore di cloro era nell'aria. Sentivo il rumore dei bambini che ridevano e sguazzavano nella piscina. Ero sdraiata su una sedia a **sdraio** accanto alla piscina, a prendere il sole e a **godermi la** giornata. Avevo gli occhi chiusi e stavo per addormentarmi quando sentii qualcuno avvicinarsi a me. Aprii gli occhi e vidi una donna in piedi accanto a me. Indossava un bikini e aveva un asciugamano avvolto intorno alla vita. Aveva lunghi capelli biondi e occhi azzurri. Aveva in mano un flacone di **crema solare**. "Ti dispiace se ti metto un po' di crema solare sulla schiena?", mi chiese. "No, va bene", risposi, sedendomi in modo che potesse raggiungermi la schiena. Sentii le sue mani sulla mia pelle mentre applicava la crema solare.

Il suo tocco era delicato e il profumo della crema solare era rilassante. Chiusi di nuovo gli occhi e mi rilassai. Sentivo il **rumore** dei suoi movimenti, ma non aprii gli occhi. Mi accontentai di stare sdraiato al sole, ascoltando il rumore delle onde **che si infrangevano** sulla riva. Dopo qualche minuto si allontanò e io aprii gli occhi. La guardai mentre tornava alla sua poltrona e prendeva il suo libro. Si sistemò sulla sedia e iniziò a leggere. Chiusi di nuovo gli occhi e mi lasciai andare al sonno. **Sognai** che stavo nuotando in piscina, facendo dei giri avanti e indietro. L'acqua era rinfrescante e fresca sulla mia pelle.

Otázky s porozuměním

1. Kde byl vypravěč na začátku příběhu?

2. Co cítí vypravěč, když otevře oči?

3. Co slyší vypravěč, když otevře oči?

4. Čí opalovací krém dává žena vypravěči?

5. O čem vypravěč sní?

6. Proč je pro vypravěče koupání v moři tak zvláštní?

7. Jaký je pocit z vody, ve které vypravěč plave?

8. Co vidí vypravěč, když vyleze z vody?

9. Co udělá žena poté, co na vypravěče nanese opalovací krém?

10. O čem si vypravěč a žena povídají na konci příběhu?

Domande di comprensione

1. Dove si trovava il narratore quando ha iniziato la storia?

2. Che odore sente il narratore quando apre gli occhi?

3. Cosa sente il narratore quando apre gli occhi?

4. Di chi è la crema solare che la donna dà al narratore?

5. Che cosa sogna il narratore?

6. Perché il bagno in mare è così speciale per il narratore?

7.Come si sente l’acqua in cui nuota il narratore?

8. Cosa vede il narratore quando esce dall’acqua?

9. Cosa fa la donna dopo aver messo la crema solare al narratore?

10. Di che cosa parlano il narratore e la donna alla fine della storia?

Sekání trávníku

Je deset hodin dopoledne v letní **sobotu** a slunce už nemilosrdně praží. Vydáte se do garáže pro sekačku a máte pocit, že jste **odsouzeni k** těžké práci. Začneš sekat trávník a dáváš pozor, abys jel pomalu a nevynechal žádné místo. Při sekání myslíš na to, jak je příjemné být venku na čerstvém vzduchu. Když začnete sekačku tlačit po trávníku sem a tam, koutkem **oka** zahlédnete souseda. Zamáváte mu a pozdravíte a on vám mávnutí oplatí.

Po pár minutách jste hotovi a jdete k sousedovi na pivo na zahrádku. Je **perfektní** den - není příliš horko a fouká mírný vánek. Sedíte ve stínu stromu, popíjíte pivo a povídáte si se sousedem. Díky takovým dnům si člověk léta váží. Pak **se vydáte** dovnitř na zasloužené pivo. Rozvalíte se na židli na verandě, otevřete plechovku a spokojeně si povzdechnete. Zvuk sekačky ustupuje do pozadí, zatímco vy odpočíváte ve stínu a užíváte si **klidné** chvíle. Pivo chutná po té dřině v horku mimořádně dobře. Už jsem se chystal jít dovnitř, když jsem vedle zaslechl hluk.

Znělo to, jako by někdo plakal. Přestal jsem sekat a přistoupil k plotu, který odděloval naše dvory. Nahlédl jsem přes něj a uviděl sousedku, paní Johnsonovou,

Tagliare il prato

Sono le 10 del mattino di un **sabato** estivo e il sole picchia già senza pietà. Si va in garage a prendere il tosaerba, con la sensazione di essere **condannati** ai lavori forzati. Iniziate a tagliare il prato, facendo attenzione ad andare piano per non perdere nessun punto. Mentre si taglia, si pensa a quanto sia bello stare all'aria aperta. Mentre iniziate a spingere il tosaerba avanti e indietro per il prato, con la coda dell'**occhio** vedete il vostro vicino. Lo salutate con la mano e lui ricambia.

Dopo qualche minuto, avete finito e vi recate a casa del vostro vicino per bere una birra con lui nel giardino davanti a casa. È una giornata **perfetta**: non fa troppo caldo e soffia una leggera brezza. Ci si siede all'ombra dell'albero, sorseggiando la birra e chiacchierando con il vicino. Sono giornate come questa che fanno apprezzare l'estate. Poi si **entra** in casa per una meritata birra. Ci si sdraia su una sedia del portico e si apre la lattina, tirando un sospiro soddisfatto. Il rumore del tosaerba passa in secondo piano mentre vi rilassate all'ombra, godendovi la **tranquillità del** momento. La birra ha un sapore ancora più buono dopo tutto quel duro lavoro al caldo. Stavo per rientrare in casa quando ho sentito un rumore nella stanza accanto.

jak pláče na houpačce na verandě. Zavolal jsem na ni, ale neslyšela mě. Přelezl jsem plot a došel k ní. “Paní Johnsonová, jste v pořádku?” Zeptal jsem se. Podívala se na mě se slzami v očích a zavrtěla hlavou. “Ne, nejsem v pořádku,” řekla. “Včera mi umřela kočka.” Byla jsem v šoku. Nevěděla jsem, co na to říct. Jen jsem tam rozpačitě stála a nevěděla, co mám dělat. Nakonec jsem jí položil ruku na **rameno** a řekl: “Je mi to moc líto, paní Johnsonová. Pokud vám mohu nějak pomoci, dejte mi prosím vědět. “ Zavrtěla hlavou a řekla: “Ne, nikdo pro mě **nemůže nic** udělat.” “Ne,” odpověděl jsem. Pak vstala a odešla do svého domu. Chvíli jsem tam stál a nevěděl, co mám dělat. Pak jsem se vrátil k sekání trávníku. Když jsem skončil, nemohl jsem si pomoct a vzpomněl jsem si na paní Johnsonovou a její kočku.

Sembrava che qualcuno stesse piangendo. Smisi di falciare e mi avvicinai alla recinzione che separava i nostri cortili. Mi affacciai e vidi la mia vicina, la signora Johnson, che piangeva sul dondolo del suo portico. La chiamai, ma non mi sentì. Scavalcai la recinzione e mi avvicinai a lei. “Signora Johnson, sta bene?”. Le chiesi. Lei mi guardò con le lacrime agli occhi e scosse la testa. “No, non sto bene”, disse. “Ieri è morto il mio gatto”. Ero scioccato. Non sapevo cosa dire. Rimasi lì impacciato, senza sapere cosa fare. Alla fine le misi una mano sulla **spalla** e dissi: “Mi dispiace molto, signora Johnson. Se posso fare qualcosa per aiutarla, me lo faccia sapere”. “Lei scosse la testa e disse: “No, nessuno può fare **niente**”. Poi si alzò ed entrò in casa sua. Rimasi lì per un momento, senza sapere cosa fare. Poi tornai a tagliare il prato. Mentre finivo, non potei fare a meno di pensare alla signora Johnson e al suo gatto.

Otázky s porozuměním

1. Kolik je hodin?

2. Kde osoba seká?

3. Jak se dotyčný cítí?

4. Proč musí člověk sekat pomalu?

5. Jaké je počasí?

6. Co dělá osoba po sečení?

7. Co člověk slyší před odchodem domů?

8. Kdo je s paní Johnsonovou?

9. Proč paní Johnsonová pláče?

10. Co říká osoba paní Johnsonové?

Domande di comprensione

1. Che ora è?

2. Dove si trova la persona che sta falciando?

3. Come si sente la persona?

4. Perché la persona deve falciare lentamente?

5. Che tempo fa?

6. Cosa fa la persona dopo la falciatura?

7. Cosa sente la persona prima di tornare a casa?

8. Chi è con la signora Johnson?

9. Perché la signora Johnson piange?

10. Cosa dice la persona alla signora Johnson?

Stříhání

Už několik týdnů jsem se chtěla nechat ostříhat, ale vždycky jsem to nějak odložila. Ale když byly **Vánoce** za rohem, věděla jsem, že už to nemůžu odkládat. Nechtěla jsem přijít na štědrovečerní večeři s rodinou a vypadat jako zanedbaná troska. A tak jsem se brzy ráno na Štědrý den vydala do salonu. I když bylo brzy, v salonu už bylo plno lidí, kteří **si nechávali** udělat sváteční účes. Zaujala jsem místo ve frontě a čekala, až na mě přijde řada. Konečně jsem se dostala na řadu. Kadeřnice, příjemná žena jménem Jill, se mě zeptala, co chci. "Jen zastřihnout, nic drastického," odpověděla jsem. Jill se pustila do práce a ostříhala mi vlasy. Jak pracovala, začala jsem se uvolňovat. Byl to dobrý pocit, že se o sebe konečně starám. Poslední dobou jsem byla tak zaneprázdněná péčí o všechny ostatní, že jsem své vlastní potřeby nechávala stranou. Ale **teď už** ne. Odteď jsem si na sebe chtěla udělat čas.

Když Jill skončila, podívala jsem se do zrcadla a byla jsem spokojená s tím, co jsem viděla. Moje vlasy vypadaly upravené a vyleštěné - ideální na sváteční setkání. **Poděkovala** jsem Jill a poznamenala si, že se mám vracet častěji. Odteď se budu starat především o sebe. Pustila se do stříhání mých vlasů. Přemýšlela jsem o tom, jak jsem vděčná, že jsem se konečně

Tagliarsi i capelli

Erano settimane che volevo tagliarmi i capelli, ma in qualche modo riuscivo sempre a rimandare. Ma con il **Natale** alle porte, sapevo che non potevo più rimandare. Non volevo presentarmi alla cena di Natale della mia famiglia con un aspetto trasandato. Così, la mattina presto di Natale, mi sono recata al salone. Anche se era presto, il salone era già pieno di persone che **si facevano** fare i capelli per le feste. Presi posto nella fila e aspettai il mio turno. Finalmente arrivò il mio turno sulla poltrona. La parrucchiera, una donna gentile di nome Jill, mi chiese cosa volessi. “Solo una spuntatina, niente di troppo drastico”, risposi. Jill si mise al lavoro, tagliando i miei capelli. Mentre lavorava, cominciai a rilassarmi. Mi sentivo bene a prendermi finalmente cura di me stessa. Ultimamente ero stata così occupata a correre in giro per prendermi cura di tutti gli altri, che avevo lasciato cadere in secondo piano i miei bisogni. Ma **ora** non **più**. D’ora in poi avrei trovato il tempo per me stessa.

Quando Jill ha finito, mi sono guardata allo specchio e sono rimasta soddisfatta di ciò che ho visto. I miei capelli avevano un aspetto ordinato e curato, perfetto per le feste. **Ringraziai** Jill e presi **nota** di tornare più spesso. D’ora in poi mi prenderò cura di me

dostala ke svému účesu. Byl to dobrý pocit vědět, že budu na štědrovečerní **večeři** vypadat reprezentativně. Už jsem se nemusela bát, že si mě rodina bude dobírat kvůli mému “zanedbanému” vzhledu. Po několika minutách mě kadeřnice ostříhala a rychle mi vyfoukala vlasy. Podívala jsem se do zrcadla a byla jsem spokojená s tím, co jsem viděla - čistě ostříhaný vzhled, který bude ideální na štědrovečerní večeři. Teď, když jsem měla účes za sebou, jsem se mohla soustředit na to, abych si užila svátky s rodinou. A za to jsem byla ještě vděčnější.

Byl to **osvobozující** pocit a líbilo se mi, jak můj nový účes vypadá. Když jsem zaplatila za účes, šla jsem domů a začala si balit na cestu. **Nemohla jsem** se dočkat, až svůj nový vzhled předvedu rodině a přátelům. Věděla jsem, že budou překvapeni, až mě uvidí. V den odletu jsem dorazila na letiště s dostatečnou časovou rezervou. Bez problémů jsem prošla bezpečnostní kontrolou a brzy jsem byla na cestě. Jakmile jsem dorazil na místo určení, cítil jsem ve vzduchu vzrušení. Vánoce byly rozhodně ve vzduchu! Na letišti mě přivítala rodina a všichni byli ohromeni mým novým účesem. Několik následujících dní jsme strávili **doháněním restů** a užíváním si vzájemné **společnosti**.

stessa prima di tutto. Si mise al lavoro per tagliare i miei capelli. Pensai a quanto fossi grata di essermi finalmente decisa a tagliarmi i capelli. Era bello sapere che sarei stata presentabile per la **cena** di Natale. Non avrei più dovuto preoccuparmi che la mia famiglia mi prendesse in giro per il mio aspetto "trasandato". Dopo qualche minuto, la parrucchiera finì di tagliarmi i capelli e mi diede una rapida asciugata. Mi guardai allo specchio e fui felice di ciò che vedevo: un look pulito che sarebbe stato perfetto per la cena di Natale. Ora che il taglio di capelli era stato superato, potevo concentrarmi sulle vacanze con la mia famiglia. Ed ero ancora più grata per questo.

Mi sentivo così **libera** e adoravo l'aspetto del mio nuovo taglio di capelli. Dopo aver pagato il taglio, sono tornata a casa e ho iniziato a fare i bagagli per il mio viaggio. **Non** vedevo l'ora di mostrare il mio nuovo look alla mia famiglia e ai miei amici. Sapevo che sarebbero rimasti sorpresi quando mi avrebbero visto. Il giorno del volo sono arrivata all'aeroporto con molto tempo a disposizione. Ho superato i controlli di sicurezza senza problemi e presto sono partita. Non appena arrivai a destinazione, sentii l'eccitazione nell'aria. Il Natale era decisamente nell'aria! La mia famiglia era lì ad accogliermi all'aeroporto ed erano tutti stupiti del mio nuovo taglio di capelli. Abbiamo trascorso i giorni successivi a **chiacchierare** e a goderci la reciproca **compagnia**.

Otázky s porozuměním

1. Co musel hlavní hrdina udělat před Vánocemi?

2. Jak se hlavní hrdinka cítila, když se o sebe starala?

3. Kdo ostříhal hlavnímu hrdinovi vlasy?

4. Proč se rodina hlavní hrdinky chystala ji škádlit?

5. Jak se hlavní hrdinka cítila po ostříhání?

6. Co udělala hlavní hrdinka poté, co se nechala ostříhat?

7. Jaká byla reakce rodiny hlavní hrdinky na její sestřih?

8. Co dělal hlavní hrdina na Štědrý den?

9. Čím byl zážitek hlavního hrdiny výjimečnější?

10. Co by se stalo, kdyby se hlavní hrdina nenechal ostříhat?

Domande di comprensione

1. Che cosa doveva fare il protagonista prima di Natale?

2. Come si è sentita la protagonista nel prendersi cura di sé?

3. Chi ha tagliato i capelli al protagonista?

4. Perché la famiglia della protagonista la prendeva in giro?

5. Come si è sentita la protagonista dopo essersi tagliata i capelli?

6. Che cosa ha fatto la protagonista dopo essersi tagliata i capelli?

7. Qual è stata la reazione della famiglia della protagonista al suo taglio di capelli?

8. Che cosa ha fatto il protagonista la vigilia di Natale?

9. Cosa ha reso più speciale l'esperienza del protagonista?

10. Cosa succederebbe se il protagonista non si tagliasse i capelli?

Park

Slunce zapadalo a park byl prázdný. Seděla jsem na lavičce a čekala na svého **přítele**. Měly jsme se tu sejít už před hodinou, ale ona vždycky chodila pozdě. Když už jsem to chtěla vzdát a jít domů, uviděla jsem ji, jak ke mně běží. “Je mi to tak líto,” zaúpěla, když došla k lavičce. “Můj vlak měl **zpoždění.**” “To je v pořádku,” řekla jsem **shovívavě**. “Právě jsem sem přišel.” Chvíli jsme si sedli a povídali si, abychom se navzájem seznámili se svým životem od našeho posledního setkání. Konverzace plynula **snadno a** zdálo se, jako by od našeho posledního setkání neuplynul vůbec žádný čas. Se západem slunce jsme se rozloučili a vydali se každý svou cestou. Příště jsme se setkali v jiném parku. Opět měla zpoždění, ale mně to nevadilo. Bylo příjemné mít někoho, s kým si můžu povídat a kdo mi **rozumí.** Mluvili jsme o svých snech a **touhách, o** věcech, které bychom chtěli v životě dělat. Ona mi vyprávěla o svých plánech procestovat svět a já se podělil o svůj sen stát se spisovatelem. Když slunce zapadlo do dalšího dne, znovu jsme se rozloučili a slíbili si, že tentokrát zůstaneme v kontaktu.

Roky plynuly a naše **přátelství** zůstalo pevné, i když jsme teď žili každý v jiné části země. Udržovali jsme kontakt prostřednictvím dopisů a příležitostných

Il parco

Il sole stava tramontando e il parco era vuoto. Mi sedetti sulla panchina ad aspettare la mia **amica**. Avevamo programmato di incontrarci qui un'ora fa, ma lei era sempre in ritardo. Proprio quando stavo per arrendermi e tornare a casa, la vidi correre verso di me. "Mi dispiace tanto", ansimò quando raggiunse la panchina. "Il mio treno è **in ritardo**". "Non c'è problema", dissi **con indulgenza**. "Sono appena arrivato anch'io".
Ci siamo seduti e abbiamo chiacchierato per un po', aggiornandoci sulle nostre vite dall'ultima volta che ci siamo visti. La conversazione è fluita **facilmente** e ci è sembrato che non fosse passato affatto del tempo dall'ultima volta che ci siamo visti. Al tramonto ci siamo salutati e abbiamo preso strade diverse. La volta successiva ci incontrammo in un altro parco. Anche in questo caso era in ritardo, ma non mi dispiaceva. Era bello avere qualcuno con cui parlare che mi **capisse**. Parlammo dei nostri sogni e delle nostre **aspirazioni**, delle cose che volevamo fare nella nostra vita. Lei mi parlò dei suoi progetti di viaggiare per il mondo e io le confidai il mio sogno di diventare scrittrice. Al tramonto di un altro giorno, ci siamo salutate ancora una volta, promettendo di tenerci in contatto questa volta.

Gli anni sono passati e la nostra **amicizia** è rimasta

telefonátů a vzájemně si sdělovali novinky ze života. Když mi oznámila, že se bude vdávat, nepřekvapilo mě **to** - vždycky byla **dobrodružný** typ. Ale když se mě zeptala, jestli jí půjdu za družičku na svatebním obřadu, který se konal na druhém konci světa, než kde jsem žil... to už mě musela přesvědčovat! Nakonec jsem ale nemohla dopustit, aby se moje nejlepší kamarádka vdávala, aniž bych jí stála po boku, a tak jsem navzdory svým obavám (a po jejím dlouhém přemlouvání!) **souhlasila, že** pojedu s ní, což se nakonec ukázalo jako životní **dobrodružství.**

Konečně nastal den **svatby.** Byla jsem nervózní, ale zároveň jsem se těšila, že budu součástí tak důležitého okamžiku v životě své kamarádky. Obřad byl krásný a ona vypadala šťastně, když říkala svůj slib. **Poté** jsme to oslavili velkou party - vypadalo to, že s ní přišli slavit všichni, které znala! Byl to **kouzelný** den, na který nikdy nezapomenu, a naše přátelství se po tomto dobrodružství jen upevnilo. Teď, po letech, jsme stále v kontaktu. Od našeho prvního setkání jsme **se** obě hodně **změnily,** ale naše přátelství je stejně silné jako dřív. Kdykoli se sejdeme - ať už v parku, nebo na **druhém konci světa -,** máme pocit, jako by vůbec neuplynul čas.

forte, anche se ora viviamo in zone diverse del Paese. Ci siamo tenute in contatto tramite lettere e telefonate occasionali, condividendo le notizie della nostra vita. Quando annunciò che si sarebbe sposata, non ne fui **sorpreso**: era sempre stata un tipo **avventuroso**. Ma quando mi ha chiesto di farle da damigella d'onore alla cerimonia di matrimonio che si sarebbe svolta a metà strada dal luogo in cui vivevo... c'è voluto un po' per convincerla! Alla fine, però, non potevo permettere che la mia migliore amica si sposasse senza di me al suo fianco, così, nonostante le mie paure (e dopo molte suppliche da parte sua!), ho **accettato** di partecipare a quella che si è rivelata l'**avventura** di una vita.

Finalmente è arrivato il giorno del **matrimonio**. Ero nervosa, ma entusiasta di partecipare a un momento così importante della vita della mia amica. La cerimonia è stata bellissima e lei sembrava felice mentre pronunciava le sue promesse. **Dopo**, abbiamo festeggiato con una grande festa: sembrava che tutti i suoi conoscenti fossero venuti a festeggiare con lei! È stato un giorno **magico** che non dimenticherò mai, e la nostra amicizia si è rafforzata dopo quell'avventura. Ora, a distanza di anni, ci teniamo ancora in contatto. Siamo **cambiate** molto da quando ci siamo conosciute, ma la nostra amicizia è più forte che mai. Ogni volta che ci incontriamo, che sia in un parco o **dall'altra parte del** mondo, sembra che il tempo non sia mai passato.

Otázky s porozuměním

1. Kde se autorka a její přítel poprvé setkali?

2. Proč přišel autorův přítel na schůzku pozdě?

3. O čem si přátelé povídali, když se po letech znovu setkali?

4. Jak se autorka cítila, když se účastnila svatebního obřadu své kamarádky?

5. Popište prostředí svatebního obřadu.

6. Jak se přátelství mezi oběma ženami v průběhu času změnilo?

7. Jaký je autorův sen?

8. Kam má autorův přítel v plánu cestovat?

9. Proč se autorka zdráhala zúčastnit svatebního obřadu své přítelkyně?

Domande di comprensione

1. Dove si sono incontrati per la prima volta l'autrice e la sua amica?

2. Perché l'amico dell'autore è arrivato in ritardo all'incontro?

3. Di che cosa hanno parlato gli amici quando si sono rivisti anni dopo?

4. Come si è sentita l'autrice ad assistere alla cerimonia di matrimonio della sua amica?

5. Descrivete l'ambientazione della cerimonia nuziale.

6. Come è cambiata l'amicizia tra le due donne nel corso del tempo?

7. Qual è il sogno dell'autore?

8. Dove intende viaggiare l'amico dell'autore?

9. Perché l'autrice esitava a partecipare alla cerimonia di matrimonio della sua amica?

www.ingramcontent.com/pod-product-compliance
Lightning Source LLC
LaVergne TN
LVHW010602160826
845677LV00013B/3222